FRANÇOISE VERGÈS
UM FEMINISMO DECOLONIAL

TRADUÇÃO
JAMILLE PINHEIRO DIAS
RAQUEL CAMARGO

- 7 **Por um feminismo radical**
  Flávia Rios

- 13 **Nota da tradução**

- 17 Prefácio à edição brasileira
- 23 Invisíveis, elas "abrem a cidade"
- 27 **1. DEFINIR UM CAMPO: O FEMINISMO DECOLONIAL**
- 79 **2. A EVOLUÇÃO PARA UM FEMINISMO CIVILIZATÓRIO DO SÉCULO XXI**

- 139 Sobre a autora

POR UM FEMINISMO RADICAL
Flávia Rios

Publicada na França em março de 2019, esta breve e incendiária crítica ao feminismo, longe de ser uma luta *contra* o feminismo, propõe uma luta *pelo* feminismo. E, se não se trata de um manual nem de uma tese acadêmica *stricto sensu*, trata-se de um manifesto que defende a um só tempo um feminismo antipatriarcal, anticolonial e anticapitalista, visando ao alargamento de seus horizontes libertários e igualitários.

Afirmando-se feminista, a cientista política Françoise Vergès se soma às vozes de intelectuais racializadas que há muito buscam fazer do feminismo uma teoria radical contra o capitalismo, o racismo e o sexismo, sem sobrepor uma forma de dominação à outra. Ao tornar-se feminista, é preciso, antes de mais nada, problematizar o feminismo. Incomodada com o uso do termo sem que a ele se faça uma crítica, logo de saída a autora nos avisa que, se hoje ela se diz feminista, nem sempre foi assim... Definir-se feminista consiste no desafio de quem quer revolucionar a prática cotidiana; não é se servir de imagens, discursos e frases de efeito palatáveis ao capitalismo e absorvidos pela publicidade da sociedade de consumo. É preciso combater abertamente o feminismo de feição burguesa, diz Vergès, conhecida por suas críticas radicais.

A fluidez da escrita não faz concessão a julgamentos ácidos, deixando à superfície do texto temas espinhosos. Perguntas simples para um pensamento complexo talvez possam ajudar: afinal, o que é um feminismo decolonial? Contra quem ele se insurge? Como Vergès faz dialogar a abordagem decolonial com a perspectiva interseccional?

O grande diferencial deste livro é revelar as clivagens entre os diferentes feminismos. Podemos ter uma visada geral das disputas de narrativa no feminismo francês, mas também nos inteirar do pensamento e das lutas das mulheres de diferentes continentes, especialmente as vindas das chamadas epistemologias do Sul, que de forma alguma podem ser confinadas a fronteiras hemisféricas ou geográficas. Mirando a vivência e a produção intelectual do Sul global, a autora reconhece e dialoga com intelectuais africanas, latino-americanas e asiáticas, cujas experiências e reflexões sobre a colonialidade contribuem para um entendimento mais complexo das formas de dominação e exploração globais. Nesse sentido, o feminismo decolonial se volta para os problemas gerados pelas relações coloniais (em que se inserem a escravidão e seus efeitos deletérios) e também para as imaginações emancipatórias elaboradas neste mundo em que a questão de raça se impôs de forma visceral.

Assim, o feminismo decolonial opõe-se frontalmente ao feminismo liberal, cujas pautas se encerram em demandas relativas à liberação sexual e à igualdade no mercado de trabalho, desconsiderando as clivagens e as desigualdades entre as mulheres. Opõe-se também ao "feminismo civilizatório", que na verdade é uma faceta assumida por organismos internacionais que em geral validam políticas imperialistas sobre os países periféricos, gerando opressão de povos, sobretudo de mulheres racializadas. Exemplo flagrante desse feminismo civilizatório seria a política de controle de natalidade, tema bem conhecido das brasileiras já familiarizadas com os debates nacionais, visto que uma das históricas divergências entre feministas negras e brancas no Brasil reside justamente no entendimento da concepção acerca dos direitos reprodutivos. Em tempo: denúncias de esterilização e controle dos corpos de mulheres racializadas no país datam do contexto da ditadura militar, como demonstrou o movimento de mulheres negras. Esse, aliás, é um dos pontos do livro que marcam a proximidade entre as discussões realizadas no Brasil e a reflexão da autora.

Há, todavia, outros pontos em comum entre o que se tem produzido na Europa hoje e o que já foi e continua sendo debatido entre nós, como a crítica radical ao eurocentrismo no pensamento feminista. Ao ler várias passagens desse ensaio, quem não se lembrará do seminal *Por um feminismo afro-latino-americano*, de Lélia Gonzalez, escrito há mais de três décadas?

O chamado feminismo interseccional conheceu relevância graças ao trabalho e ao pensamento coletivo das feministas negras americanas a partir dos anos 1970, registrados no famoso manifesto do coletivo Combahee River, e aos esforços de Kimberlé Crenshaw em cunhar e aperfeiçoar a ferramenta analítica. A despeito de não se opor a ele, Françoise Vergès opta por defender uma perspectiva feminista *com* e *para além* da interseccionalidade. De alguma forma, embora o *black feminism* seja altamente influente no pensamento da autora, sua abordagem não se limita a ele.

Em primeiro lugar, ainda que a interseccionalidade seja uma teoria sistêmica e possa abarcar um conjunto de categorias que se interconectam – gênero, sexualidade, raça, etnia, classe, dentre outras –, a essa abordagem é preciso somar uma crítica mais substantiva ao capitalismo. É nesse sentido que os esforços das teóricas feministas materialistas são fundamentais, pois reposicionam o problema da reprodução social, seja na dimensão da reprodução biológica (aí localizado todo o trabalhado da maternidade), seja no trabalho doméstico não remunerado, geralmente realizado no âmbito da família e do lar por meio de cuidados com parentes, idosos, portadores de necessidades especiais. Acresce-se a isso a reprodução social institucionalizada no mercado de trabalho formal, marcada pelo rebaixamento do *status* social, pela humilhação, pela invisibilidade, pela insalubridade, pela baixa remuneração e pela precariedade dos direitos. Embora todas essas dimensões sejam relevantes para a autora, seu esforço maior é mostrar que o trabalho doméstico remunerado – sobretudo o terceirizado – garante a engrenagem diária do capitalismo. Ou seja, esse trabalho invisível, produzido majoritariamente por mulheres racializadas, é que gera a limpeza e a organização do mundo capitalista. Em uma frase, é o que garante o caráter civilizatório da modernidade ocidental. Esse esforço de pensar o modo como raça, gênero e classe se constituem mutuamente e globalmente nas grandes cidades destaca-se como um dos ganhos mais notáveis do livro.

Por fim, uma nota de advertência: o termo "racialização", aqui, não pode ser reduzido às pessoas negras, tal como ocorre nas Américas e no Brasil em particular. Ou seja, ao se referir às mulheres racializadas, Vergès também considera aquelas vistas e entendidas como não brancas e não ocidentais, que vivem na Europa e nos Estados Unidos, na condição de imigrantes ou refugiadas. O mesmo termo é válido para mulheres que, embora possuam cidadania francesa no papel, não escapam aos processos de racialização devido a marcas sociais diacríticas como cor, costumes, religião, língua ou outro distintivo que as impeça de adentrar a seleta e exclusiva sociedade ocidental.

Françoise Vergès escreve *sobre* e *contra* um dos berços do feminismo do Ocidente. A França, com sua autoimagem civilizatória, republicana e universalista, é posta à prova, já que esses ideais abstratos são frágeis diante da concretude dos processos de racialização, do controle dos corpos das mulheres não ocidentais e da hiperexploração capitalista. Nesse sentido, sua crítica reage às bases fundantes e ao próprio desenvolvimento do feminismo ocidental, uma vez que esse teria se curvado ao eurocentrismo, ao neoliberalismo econômico, ao imperialismo geopolítico e cultural e à colonialidade do poder epistêmico. Na contramão, a pensadora francesa se junta aos esforços das ativistas e intelectuais feministas do Sul global, com suas abordagens que explicam a natureza e os mecanismos de reprodução das desigualdades e da exploração nas sociedades contemporâneas em escala planetária; muitas delas ainda apresentam uma perspectiva emancipatória ancorada em valores radicalmente opostos ao capitalismo e ao racismo. É nessa trincheira que Françoise Vergès enfrenta os grandes desafios do feminismo no século XXI.

FLÁVIA RIOS é professora da Universidade Federal Fluminense e coautora de *Negros nas cidades brasileiras* (São Paulo: Intermeios, 2019) e da biografia de Lélia Gonzalez (São Paulo: Negro/Summus, 2010).

NOTA DA TRADUÇÃO
Jamille Pinheiro Dias e Raquel Camargo

O campo semântico do termo em francês *décolonial* – presente no título e principal conceito do livro –, empregado por Françoise Vergès, caracteriza-se pelo enfrentamento da colonialidade do poder que, mesmo após a formalização da independência de territórios colonizados, persiste como legado da modernidade, do racismo e do capitalismo.

Na França, o termo costuma estar associado ao ativismo antirracista e a um amplo combate à xenofobia, destacando-se a defesa de imigrantes e descendentes de imigrantes vindos de ex-colônias. No Brasil, o adjetivo "decolonial" tem sido associado à recepção de estudos do grupo conhecido como Modernidade / Colonialidade / Decolonialidade (MCD), formado por pesquisadores latino-americanos atuantes nas Américas (ver, a esse respeito, autores como Aníbal Quijano, Walter Mignolo e Catherine Walsh).

Para traduzir as poucas ocorrências em que Vergès mobiliza a palavra *décolonial* para se referir propriamente aos processos histórico-administrativos de *desligamento* das metrópoles das ex-colônias, optamos por utilizar termos como "descolonizar", "descolonização" e "descolonial". Em contrapartida, nos momentos em que a autora faz referência ao movimento contínuo de tornar pensamentos e práticas cada vez mais *livres* da colonialidade, recorremos a termos como "decolonial" e "decolonialidade", marcando essa diferença por meio da supressão do "s". Tal opção busca enfatizar que os processos histórico-administrativos de descolonização de um território não garantem que os discursos que circulam nele e sobre ele tenham superado a lógica colonial.

Buscamos, ainda, acompanhar o recurso de escrita inclusiva do qual Vergès se vale para marcar o gênero das palavras no francês – aglutinando tipograficamente feminino e masculino, ligados por pontos dentro de cada palavra. Para isso, lançamos mão de uma padronização análoga em português, utilizando barra no interior dos termos. Assim, traduzimos, por exemplo, *opprimé•e•s* por "oprimidos/as", *vaincu•e•s* por "vencidos/as" e *colonisé•e•s* por "colonizados/as".

FRANÇOISE VERGÈS
UM FEMINISMO DECOLONIAL

Prefácio à edição brasileira

Escrevi este livro para mostrar que o trabalho de cuidado e limpeza é indispensável e necessário ao funcionamento do patriarcado e do capitalismo racial e neoliberal; contudo, embora indispensável e necessário, ele deve permanecer invisível, marcado pelo gênero, racializado, mal pago e subqualificado. Também o escrevi para tornar visível a dimensão colonial e racial de um feminismo europeu convencido de ter escapado das ideologias racistas da escravatura e do colonialismo. Chamo esse feminismo de *civilizatório* porque ele adotou e adaptou os objetivos da missão civilizatória colonial, oferecendo ao neoliberalismo e ao imperialismo uma política dos direitos das mulheres que serve a seus interesses. Os direitos das mulheres, quando esvaziados de toda dimensão radical, tornam-se um trunfo nas mãos dos poderosos. Esse feminismo legitimou uma divisão entre uma sociedade aberta *por natureza* à igualdade entre mulheres e homens (a europeia) e as sociedades *por natureza* hostis à igualdade (todas as outras, mas principalmente a muçulmana). Se o termo "feminista" foi esvaziado de seu sentido, se os direitos das mulheres são apenas um trunfo nas mãos dos imperialistas e neoliberais, como explicar a rejeição que essas expressões continuam encontrando, a violência que elas suscitam ou a recusa da própria noção de gênero entre os poderosos? O patriarcado não se expressa da mesma forma nos diversos lugares do mundo, não se apresenta com as mesmas feições, mas o fato de ele ser, aqui, abertamente grosseiro, vulgar, brutal, racista, misógino, homofóbico, transfóbico, enquanto lá se mostra educado, elegante, diz-se aberto à diversidade e ao multiculturalismo e se afirma partidário dos direitos das mulheres, não deve passar despercebido. Os objetivos das políticas desses patriarcas são os mesmos: servir ao capitalismo racial, explorar, extrair, dividir, despojar, decidir quais vidas importam e quais não importam.

O que eu quis destacar neste livro foram fatos simples, concretos e tangíveis que iluminam a estrutura profundamente racializada, estratificada e marcada pelo gênero que permite à sociedade burguesa funcionar há séculos. Longe de ser um discurso feminista abstrato, esses fatos são visíveis a quem deseja vê-los. Todos os dias, em todo lugar, milhares de mulheres negras, racializadas, "abrem" a cidade.[1] Elas limpam os espaços de que o patriarcado e o capitalismo neoliberal precisam para funcionar. Elas desempenham um trabalho perigoso, mal pago e considerado não qualificado, inalam e utilizam produtos químicos tóxicos e empurram ou transportam cargas pesadas, tudo muito prejudicial à saúde delas. Geralmente, viajam por longas horas de manhã cedo ou tarde da noite. Um segundo grupo de mulheres racializadas, que compartilha com o primeiro uma interseção entre classe, raça e gênero, vai às casas da classe média para cozinhar, limpar, cuidar das crianças e das pessoas idosas para que aquelas que as empregam possam trabalhar, praticar esporte e fazer compras nos lugares que foram limpos pelo primeiro grupo

---

[1] Na França, o termo "racializada" é empregado para designar todas as mulheres que a colonialidade fabrica como "outras", para discriminar, excluir, explorar, desprezar.

de mulheres racializadas. No momento em que a cidade "abre", nas grandes metrópoles do mundo, mulheres e homens correm pelas ruas, entram nas academias, salas de yoga ou meditação. Aderindo ao mandato do capitalismo tardio, que exige manter os corpos saudáveis e limpos, essas mulheres e homens, na sequência de seus treinos, tomam um banho, comem uma torrada com abacate e bebem um suco detox antes de prosseguirem com suas atividades. Chega então a hora em que as mulheres negras e racializadas tentam encontrar um lugar no transporte público para seus corpos exauridos. Elas cochilam assim que se sentam, seu cansaço é visível para aquelas que querem vê-lo.

A relação dialética construída entre os corpos eficientes da burguesia neoliberal e os corpos exaustos das mulheres negras ilustra os vínculos entre neoliberalismo, raça, gênero e heteropatriarcado. O proprietário do corpo eficiente, que tem como medida o corpo branco e masculino, deve demonstrar sua disposição de passar longas horas na academia ou no escritório, de trabalhar até tarde da noite e no fim de semana, pois essa capacidade é o sinal do seu sucesso e da sua adesão à ordem dominante; seu esgotamento é a prova do seu triunfo sobre as necessidades básicas dos simples mortais. "O" proprietário do corpo invisível é uma mulher negra, cujo esgotamento é a consequência da lógica histórica do extrativismo que construiu a acumulação primitiva do capital – extração de trabalho dos corpos racializados e das terras colonizadas. Essa economia do esgotamento dos corpos está historicamente ancorada na escravatura, período no qual o ventre das mulheres negras, cuja exploração é indissociável da reprodução social (como mostram tantas feministas negras), foi transformado em capital. A fabricação de uma vulnerabilidade diferenciada para uma morte prematura, analisada por Ruth Wilson Gilmore, é o próprio sinal dessa economia: morte prematura de vidas negras, morte prematura de recursos. A escravatura fabrica vidas supérfluas, nas quais nem a vida nem a morte importam, corpos-húmus do capitalismo. Para essa economia simbólica e material, o *status* de pessoa supérflua das mulheres negras associa-se a uma existência necessária, eis aí todo o paradoxo aparente das vidas necessárias e invisibilizadas.

Sob o regime neoliberal, nas cidades do século XXI, com suas residências vigiadas, seus bairros militarizados, as mulheres negras e racializadas são autorizadas a entrar nos enclaves burgueses, em seus espaços privados, mas os outros membros dessas comunidades supérfluas – os membros das famílias e vizinhos dessas mulheres – devem permanecer na porta das residências privadas e dos bairros reservados, caso contrário correm o risco de serem mortos pela polícia do Estado ou privada. As mulheres negras e racializadas podem circular na cidade, mas unicamente como presença fantasmagórica. Pode-se, então, ver o quanto as feministas civilizatórias, ao universalizarem sua situação, contribuem para a manutenção de um sistema de exploração racial. Foi pensando nessas mulheres, em suas lutas e em suas vidas, que propus um feminismo decolonial radicalmente antirracista, anticapitalista e anti-imperialista. Um feminismo à escuta dos combates das mulheres mais exploradas, das empregadas domésticas, das profissionais do sexo, das queer, das trans, das migrantes, das refugiadas e daquelas para quem o termo "mulher" designa uma posição social e política, não estritamente biológica. *Um* feminismo, não *o* feminismo, e, portanto, aberto a questionamentos, à possibilidade de rever suas análises, que não busca o reconhecimento das instituições, mas que se ancora nas lutas, com suas perdas e alegrias.

Enquanto escrevo este prefácio, a epidemia do Covid-19 poderia fazer com que minhas observações parecessem irrisórias. Mas o confinamento imposto pelos governos de países europeus para frear a epidemia do vírus torna ainda mais visível a divisão profunda entre vidas tornadas vulneráveis e vidas protegidas. Na realidade, a possibilidade de confinamento nos países europeus ilumina mais do que nunca as diferenças de classe, gênero e raça. Há os/as confinados/as e os/as não confinados/as, e estes últimos garantem a vida cotidiana dos primeiros, levam os produtos aos comércios abertos porque são "essenciais" ao funcionamento da sociedade, arrumam as mercadorias nas prateleiras, organizam os caixas; são os coletores e coletoras de lixo, as funcionárias e os funcionários dos correios, os entregadores, os motoristas de transporte público, as mulheres responsáveis pela limpeza de clínicas e hospitais, os motoristas de transportes rodoviários, as babás e tantas outras profissões. Todas essas pessoas, indispensáveis ao confinamento, trabalham sem proteção alguma, sem máscara e sem luvas, e precisam deixar suas crianças sozinhas porque as escolas estão fechadas. Classe, gênero, idade, racialização, problemas de saúde, problemas de babás para as crianças, preocupações com o próximo perpassam os dois grupos, mas as pessoas não confinadas são mais expostas ao estresse, à inquietude, ao cansaço e à contaminação. Entre os elementos do confinamento que contribuem para as diferenças de classe, gênero e racialização, há aquelas/aqueles que vivem em 12 m² e aquelas/aqueles que vivem em 150 m², aquelas/aqueles que podem usar o serviço de *delivery* ou não, aquelas/aqueles que têm como se cadastrar em diversos sites de *streaming* ou não, aquelas/aqueles que possuem uma boa banda larga para garantir cursos em casa ou não, aquelas/aqueles que podem ajudar as crianças com os deveres de casa ou não, aquelas/aqueles que têm computador e impressora ou não, aquelas/aqueles que estão totalmente isolados/as ou não, estrangeiros/as legalizados/as ou não, aquelas/aqueles que estão financeiramente confortáveis ou não, as mulheres e crianças que vivem com seus companheiros violentos, as mulheres sozinhas com crianças – em resumo, milhares e milhares de situações tragadas por um discurso nacional de um país onde as desigualdades, as violências do Estado, o racismo e o sexismo organizam a vida social há anos. Os/as habitantes dos bairros populares, em sua maioria racializados/as, são os/as mais assediados/as pela polícia, os/as mais vigiados/as, os/as mais acusados/as de não obedecer às medidas do governo. O governo age como se as pessoas que moram na rua, os/as refugiados/as, os/as pobres tivessem as mesmas condições de vida, o mesmo acesso à informação que os/as burgueses. O desprezo imenso traça novamente uma fronteira entre vidas que importam e vidas que repousam sobre o trabalho mal pago, explorado, invisível, porém necessário de centenas de milhares de outros. O corpo médico e todas as pessoas que garantem a vida de um hospital – portanto, também aquelas/aqueles que limpam, mantêm, administram etc. – não dispõem de máscaras e de aventais suficientes e estão exaustos/as. O confinamento é uma política de ricos. Ele é apenas um exemplo, entre tantos outros, de uma organização do mundo fundada sobre a exploração e a fabricação de vidas supérfluas. A análise feminista decolonial antirracista e anticapitalista da gestão dessa pandemia não difere tanto daquela do cuidado e da limpeza, pois ambos são indispensáveis para o funcionamento do mundo médico.

22 de março de 2020.

Invisíveis, elas "abrem a cidade"

Ganhemos as mulheres, o resto virá por si.
FRANTZ FANON[1]

No entanto, a raiva expressa e traduzida em uma ação a favor de nossos ideais e nosso futuro é um ato de esclarecimento que liberta e dá força, pois é nesse processo doloroso de tradução que identificamos quem são os nossos aliados com quem temos sérias diferenças e quem são nossos verdadeiros inimigos.
AUDRE LORDE[2]

Em janeiro de 2018, após quarenta e cinco dias de greve, mulheres racializadas que trabalham na Gare du Nord[3] obtiveram vitória contra seu empregador, a empresa de limpeza Onet, terceirizada que presta serviços à SNCF [Sociedade Nacional

---

[1] Frantz Fanon, *L'An v de la Révolution algérienne*, in *Œuvres*. Paris: La Découverte, 2011, p. 275.
[2] Audre Lorde, "Os usos da raiva: as mulheres reagem ao racismo" in *Irmã Outsider*, trad. Stephanie Borges. Belo Horizonte: Autêntica, 2019, p. 160.
[3] Estação do Norte, uma das estações de trem mais movimentadas de Paris. [N. T.]

de Ferrovias Francesas].[4] Essa mão de obra que constitui uma força de trabalho racializada e majoritariamente feminina, que realiza serviço subqualificado e, portanto, mal pago, trabalha em uma situação de risco para a saúde, na maioria das vezes em tempo parcial, de madrugada ou à noite, quando escritórios, hospitais, universidades, centros comerciais, aeroportos e estações estão vazios, ou quando os/as hóspedes já deixaram os quartos de hotel. Bilhões de mulheres se ocupam incansavelmente da tarefa de limpar o mundo. Sem o trabalho delas, milhões de empregados, de agentes do capital, do Estado, do Exército, das instituições culturais, artísticas e científicas, não poderiam ocupar seus escritórios, comer em refeitórios, realizar reuniões, tomar decisões em espaços asseados onde lixeiras, mesas, cadeiras, poltronas, pisos, banheiros, restaurantes foram limpos e postos à sua disposição. Esse trabalho *indispensável* ao funcionamento de qualquer sociedade deve permanecer *invisível*. Não devemos nos dar conta de que o mundo onde circulamos foi limpo por mulheres racializadas e superexploradas. Por um lado, esse trabalho é considerado

---

4 "Onet, numéro 1 de l'exploitation dans le nettoyage", 4 dez. 2017. Disponível em: revolutionpermanente.fr/ONET-numero-1-de-l-exploitation-dans-le-nettoyage; Daniela Cobet, "Grève des agents de nettoyage des gares franciliennes. Premier bilan d'une lutte exemplaire", 16 dez. 2017. Disponível em: revolutionpermanente.fr/Greve-des-agents-de-nettoyage-des-gares-franciliennes-Premier-bilan-d-une-lutte-exemplaire; Flora Carpentier, "Émotion et fierté de classe à la fête de la victoire des grévistes d'H. Reinier-Onet", 18 dez. 2017. Disponível em: revolutionpermanente.fr/Videos-Emotion-et-fierte-de-classe-a-la-fete-de-victoire-des-grevistes-d-H-Reinier-Onet; Françoise Vergès, "Grève de femmes, luttes féministes: le combat d'Onet vu par Françoise Vergès", 9 mar. 2018. Disponível em: revolutionpermanente.fr/greve-de-femmes-luttes-feministes-le-combat-d-onet-vu-par-Francoise-Verges.

parte daquilo que as mulheres devem fazer (sem reclamar) há séculos – o trabalho feminino de cuidar e limpar constitui um trabalho gratuito. Por outro lado, o capitalismo produz inevitavelmente trabalhos invisíveis e vidas descartáveis. A indústria da limpeza é uma indústria perigosa para a saúde, em todos os lugares e para aquelas e aqueles que nela trabalham. Sobre essas vidas precárias e extenuantes para o corpo, essas vidas postas em perigo, repousam as vidas confortáveis das classes médias e do mundo dos poderosos.

A vitória das trabalhadoras da Gare du Nord é significativa, pois chama a atenção para a existência de uma indústria na qual racialização, feminização, exploração, riscos à saúde, invisibilidade, subqualificação, baixos salários, violência, assédios sexual e sexista se combinam. No entanto, em janeiro de 2018, o que ganhou a primeira página das mídias francesas e de outros lugares, provocando debates, controvérsias e inúmeras petições, foi o artigo assinado por um coletivo de cem mulheres, entre elas Catherine Millet, Ingrid Caven e Catherine Deneuve, denunciando o "ódio aos homens" preconizado pelo feminismo.[5] As signatárias criticavam as campanhas #BalanceTonPorc e #MeToo – no âmbito das quais mulheres denunciavam homens que as assediaram sexualmente –, acusando-as de serem "campanhas de delações" e de "justiça sumária", pois os homens teriam sido punidos no exercício de sua profissão, forçados à demissão etc., quando eles apenas erraram ao terem tocado um joelho, tentado roubar um beijo, falado de coisas "íntimas" na ocasião de um jantar profissional ou enviado men-

[5] Autoria coletiva, "Nous défendons une liberté d'importuner indispensable à la liberté sexuelle", 9 jan. 2018. Disponível em: lemonde.fr/idees/article/2018/01/09/nous-defendons-une-liberte-d-importuner-indispensable-a-la-liberte-sexuelle_5239134_3232.html.

sagens de conotação sexual a uma mulher que não correspondia ao interesse. Elas evocam uma "onda purificadora".[6] Não é de surpreender que esse artigo tenha chamado a atenção. A vida confortável das mulheres da burguesia só é possível em um mundo onde milhões de mulheres racializadas e exploradas proporcionam esse conforto, fabricando suas roupas, limpando suas casas e os escritórios onde trabalham, tomando conta de seus filhos, cuidando das necessidades sexuais de seus maridos, irmãos e companheiros. Consequentemente, elas têm como passatempo discutir a legitimidade das coisas, reclamar que não querem ser "incomodadas" no metrô ou aspirar a postos de liderança de grandes empresas. Claro, homens também se valem da divisão Norte / Sul, e outros homens se ocupam de proporcionar seu bem-estar, mas, se insisto no papel das mulheres do Sul global nesta organização do mundo, é para enfatizar ainda mais seu caráter revolucionário na crítica do capitalismo racial e do heteropatriarcado.

6 Ibid.

1

DEFINIR UM CAMPO: O FEMINISMO DECOLONIAL

A virada que faz do feminismo uma das forças motrizes das ideologias de direita, que por muito tempo o ignoraram, merece ser analisada. O que está em jogo nesse desdobramento ideológico? Como aconteceu esse deslocamento? Como passamos de um feminismo ambivalente ou indiferente à questão racial e colonial no mundo de língua francesa a um feminismo branco e imperialista? De qual femonacionalismo estamos falando aqui? Como o feminismo se tornou, em uma convergência notável, um dos pilares de inúmeras ideologias que, à primeira vista, se opõem a ele – a ideologia liberal, a ideologia nacionalista xenófoba, a ideologia de extrema direita? Como os direitos das mulheres se tornaram um dos trunfos do Estado e do imperialismo, um dos últimos recursos do neoliberalismo e a mola propulsora da missão civilizadora feminista branca e burguesa? O feminismo e as correntes nacionalistas xenófobas não proclamam objetivos comuns, mas compartilham *pontos de convergência*; são esses pontos que nos interessam aqui.[1]

Esta obra se situa na continuidade de obras críticas dos feminismos do Sul global (com aliadas no Norte) que versam

---

[1] Resumo, mais à frente, a análise de Sara Farris acerca desses pontos de convergência que ela explorou em *In the Name of Women's Rights: The Rise of Femonationalism*. Durham: Duke University Press, 2017.

sobre gênero, feminismo, as lutas das mulheres e a crítica de um feminismo que chamo de civilizatório, pois tomou para si a missão de impor, em nome de uma ideologia dos direitos das mulheres, um pensamento único que contribui para a perpetuação da dominação de classe, gênero e raça. Eu defendo um feminismo decolonial que tenha por objetivo a destruição do racismo, do capitalismo e do imperialismo, programa ao qual tentarei dar uma dimensão concreta.

"O feminismo envolve muito mais do que a igualdade de gênero. E envolve muito mais do que o gênero",[2] lembra Angela Davis. Ele também ultrapassa a categoria "mulheres", fundada sobre um determinismo biológico, e atribui novamente à noção de direitos das mulheres uma dimensão política radical: levar em conta os desafios impostos a uma humanidade ameaçada de desaparecer. Eu me posiciono contra uma temporalidade que descreve a libertação apenas em termos de "vitória" unilateral sobre a oposição. Tal perspectiva mostra "imensa condescendência da posteridade"[3] em relação aos/às vencidos/as. Essa escrita da história transforma a narrativa das lutas dos/as oprimidos/as em uma série de derrotas sucessivas e impõe uma linearidade na qual todo recuo é visto como prova de que o combate foi malconduzido (o que é evidentemente possível), e não como uma revelação da determinação das forças reacionárias e imperialistas em esmagar toda e qualquer dissidência. É o que dizem os cantos de luta – *negro spirituals*, canções revolucionárias, músicas gospel, canções de escravos/as, de colonizados/as: o longo caminho rumo à liberdade, uma

---

[2] Angela Davis, *A liberdade é uma luta constante*, trad. Heci Regina Candiani. São Paulo: Boitempo, 2018, p. 99.
[3] Edward P. Thompson, *La Formation de la classe ouvrière anglaise*. Paris: Le Seuil, 2017.

luta sem trégua, a revolução como trabalho cotidiano. É nessa temporalidade que situo o feminismo de política decolonial.

Continuar reivindicando o feminismo

Nem sempre é fácil se dizer "feminista". As traições do feminismo ocidental são um fator de repulsa, assim como seu desejo violento de integrar o mundo capitalista, de ocupar um lugar no mundo dos homens predadores, e sua obsessão com a sexualidade dos homens racializados e com a vitimização das mulheres racializadas. Por que se denominar feminista, por que defender o feminismo mesmo sabendo que esses termos estão a tal ponto desgastados que até a extrema direita pode se apropriar deles? Se há dez anos as palavras "feminista" e "feminismo" carregavam ainda um potencial radical e eram usadas como insultos, o que fazer agora que elas se tornaram parte do arsenal da direita neoliberal modernizadora? Agora que, na França, uma ministra pôde organizar uma "Universidade do Feminismo" na qual o público majoritariamente feminino e que se diz feminista vaia uma moça de véu, mas deixa um homem lhe dar lição de moral por 25 minutos (sabiamente, os protestos apareceram no Twitter)?[4] O que é o feminismo quando ele se

[4] A Universidade do Feminismo – organizada por Marlène Schiappa, secretária de Estado encarregada da igualdade entre mulheres e homens no governo de Emmanuel Macron – foi uma ação realizada em Paris nos dias 13 e 14 de setembro de 2018. Na ocasião, ela declarou: "Nosso desejo é enfatizar a pluralidade dos movimentos feministas, pois o movimento nunca foi monolítico, sempre foi atravessado por diferentes correntes, e pautar esse espaço de debates por três palavras de ordem: reflexões, opiniões e ações. O objetivo da grande causa do quinquênio do presidente Emmanuel Macron é garantir que esses debates atravessem a sociedade".

torna uma empresa de pacificação? Se feminismo e feministas estão a serviço do capital, do Estado e do império, ainda é possível restituir o fôlego de um movimento que carrega objetivos de justiça social, dignidade, respeito, políticas de vida contra políticas de morte? Não precisamos também defender o feminismo contra os ataques de forças fascistas, nestes tempos em que o estupro e o assassinato se tornam as principais armas para disciplinar as mulheres? Ou quando até mesmo uma mulher loira, mãe de família, casada com um homem, professora universitária, em conformidade com todas as normas de respeitabilidade da classe média branca nos Estados Unidos, já não está mais protegida da manifestação do ódio – como se viu na audiência de Christine Blasey Ford, nos debates para a nomeação de Brett Kavanaugh para a Suprema Corte? Ou quando os governos do mundo inteiro fazem do feminismo uma ideologia antinacional, estrangeira à "cultura da nação", para reprimir mais as mulheres? Por muito tempo não me autodenominei feminista, eu me dizia uma militante anticolonial e antirracista nos movimentos de libertação das mulheres. Eu fui levada a me autodenominar feminista, por um lado, em razão da emergência de um feminismo político decolonial amplo, transnacional e plural; por outro, devido à cooptação das lutas das mulheres pelo feminismo civilizatório.

> Disponível em: www.francetvinfo.fr/societe/droits-des-femmes/universite-dete-du-feminisme-marlene-schiappa-ne-veut-pas-delivrer-un-brevet-de-feminisme-mais-inviter-a-la-reflexion_2910739.html. Temas como "O véu e o feminismo", "O que vem depois do #MeToo?", "Podemos ser feministas e mães dentro de casa?" ou "Como alcançar a igualdade homem-mulher no trabalho?" estiveram em debate. Laura Cha, porta-voz da associação Lallab, foi vaiada durante sua intervenção. Disponível em: information.tv5monde.com/terriennes/en-france-une-premiere-universite-d-ete-du-feminisme-sous-le-signe-des-polemiques-et.

Uma trajetória anticolonial

A biografia não explica tudo, aliás, muitas vezes ela não explica lá grande coisa, mas em um livro sobre o feminismo preciso dizer algo acerca de minha própria trajetória – não por ela ser exemplar, mas pelo importante papel que as lutas feministas desempenharam nela. Durante muitos anos, fui militante em grupos do MLF [Movimento de Libertação das Mulheres]; essas lutas sempre estiveram ligadas a projetos de libertação mais geral – no presente caso, na minha experiência, à libertação do colonialismo francês pós-1962. A base de meu interesse, de minha curiosidade e de meu engajamento em prol das lutas emancipadoras é a educação política e cultural que recebi na ilha da Reunião. Para a garotinha que eu era, criada em um contexto em que a escola, as mídias e as atividades culturais estavam todas submetidas à ordem colonial francesa pós-1962, essa experiência foi excepcionalmente transformadora. Por muito tempo não me autodenominei militante feminista, mas "militante da libertação das mulheres". Tive o privilégio de crescer em uma família de comunistas feministas e anticolonialistas, de estar cercada por militantes de todo tipo de origem, gênero e classe social que me instruíram a respeito do que são a luta, a solidariedade, a alegria e a diversão associadas à luta coletiva. A resposta de meus pais ao idealismo que não suportava a derrota e que prevalecia na minha adolescência me trazia de volta a terra: "São uns brutos, fascistas, crápulas, não devemos esperar nada deles. Eles não respeitam nenhum direito, a começar pelo direito à nossa existência". Não há nada de pessimista nessas observações, elas são muito mais uma lição sobre outra temporalidade das lutas; as imagens da tomada do Palácio de Inverno, da entrada das tropas de Fidel

Castro em Havana e das tropas da ALN [Exército de Libertação Nacional] na Argélia eram formidáveis, de mobilizar a imaginação, mas se deter nelas seria correr o risco de encontrar um amanhã decepcionante. Amanhã a luta continuará. Também aprendi muito cedo que, se o Estado quiser esmagar um movimento, ele recorrerá a todos os meios para isso, usará todos os recursos à sua disposição para reprimir e para dispersar os/as oprimidos/as. Ele bate com uma mão e com a outra tenta cooptar. O medo é uma de suas armas preferidas para produzir conformismo e consentimento. Rapidamente entendi o preço a ser pago por quem se permitiu escapar da injunção: "Passe despercebida, não proteste demais e você não terá problemas". O decreto Debré, de 1960, foi a prova disso; condenando ao exílio treze militantes anticolonialistas, incluindo líderes sindicais, a mensagem era clara: toda voz dissidente será punida.[5] O historiador reunionês Prosper Ève cunhou a expressão "Ilha do Terror" para analisar como o escravagismo, o pós-escravagismo e o pós-colonialismo, até os anos 1960, difundiram o terror como técnica de disciplina.[6] Certamente, o medo não é exclusividade do dispositivo colonial, mas lembremos que a escravidão colonial estava fundada na amcaça constante da tortura e da morte de um ser humano legalmente transformado em objeto, assim como no espetáculo público de sua

---

5 Em 15 de outubro de 1960, um decreto cujo objetivo era reprimir toda e qualquer manifestação na Argélia (que estava dividida em "departamentos franceses"), e que visava, por meio do exílio, manter distantes os funcionários que pudessem "perturbar a ordem pública", foi aplicado nos departamentos ultramarinos Guadalupe, Martinica, Guiana e ilha da Reunião.
6 Prosper Ève, *Ile à peur: La peur redoutée ou récupérée à la Reunion des origines à nos jours*. Saint-André: Océan Éditions, 1992.

morte. Aprendi também que é preciso usar as leis do Estado contra ele próprio, mas sem ilusão nem idealismo, assim como fizeram as mulheres escravas que lutaram para que a lei reconhecesse o estatuto de liberdade que elas transmitiam a seus filhos,[7] ou ainda os/as colonizados/as, que utilizaram contra o Estado colonial suas próprias leis (liberdade de imprensa, liberdade de associação, direito ao voto...). Essa estratégia nunca era empregada sozinha, ela sempre vinha acompanhada de uma crítica ao Estado e às suas instituições. As lutas se travam em múltiplas frentes e com objetivos que visam a temporalidades diferentes. A existência de um mundo vasto, onde resistências e recusas à submissão se opõem a uma ordem mundial injusta, fez parte da compreensão de mundo que me foi transmitida. Não foi chegando à França ou frequentando uma universidade que descobri que capitalismo, racismo, sexismo e imperialismo são companheiros de estrada; tampouco foi lendo Simone de Beauvoir que reencontrei o feminismo anticolonial e antirracista – ele foi parte de meu entorno desde a primeira infância.

A falsa inocência do feminismo branco

Na sequência do que escreveu Frantz Fanon, "A Europa é literalmente uma criação do Terceiro Mundo", pois foi construída so-

---

[7] Durante a escravidão, o estatuto do filho era transmitido pela mãe: se a mãe fosse escrava, a criança seria escrava, se ela fosse livre, a criança seria livre. Mas essa regra estava longe de ser respeitada pela maioria dos proprietários de escravos, que a infringiam de todas as maneiras: mentindo, falsificando documentos, não reconhecendo as emancipações. Os casos de mulheres escravas que iam aos tribunais e que lutavam contra as arbitrariedades não eram raros.

bre o roubo das riquezas do mundo e, portanto, "a riqueza dos países imperialistas é também nossa riqueza",[8] posso dizer que a França é literalmente uma criação de seu império colonial e o Norte, uma criação do Sul. Assim, fico impressionada com o esquecimento obstinado da escravidão, do colonialismo e dos territórios ultramarinos[9] nas análises da França atual e da política dos sucessivos governos desde os anos 1950. Se comparados ao império colonial, os territórios ultramarinos fazem menos parte ainda da história contemporânea: nenhum texto sobre as questões políticas, abordadas de uma perspectiva filosófica, econômica ou sociológica, interessa-se por essa sobrevivência do império colonial francês. Há aqui algo da ordem de uma vontade de apagar esses povos e seus países da análise dos conflitos, das contradições e das resistências. Qual seria o objetivo desse afastamento senão o de manter a ideia de que tudo isso – escravidão, colonialismo, imperialismo – certamente aconteceu, mas *no exterior* daquilo que constitui a França? Minimizam-se assim os laços entre capitalismo e racismo, entre sexismo e racismo, e preserva-se uma inocência francesa. Desse modo, o feminismo francês se passa por moderado diante da herança colonial e escravocrata. É como se as mulheres, por serem vítimas da dominação masculina, não tivessem nenhuma responsabilidade em face das políticas empreendidas pelo Estado francês.

---

[8] Frantz Fanon, *Les Damnés de la terre*. Paris: La Découverte, 2002, p. 99 [ed. bras.: *Os condenados da terra*, trad. José Laurênio de Melo. Rio de Janeiro: Civilização Brasileira, 1968].

[9] Os territórios ultramarinos são departamentos e países vinculados a um Estado, mas administrados fora dele. Dentre os territórios ultramarinos franceses, há, por exemplo, a ilha da Reunião, situada a leste de Madagascar, o departamento da Guiana Francesa, na América do Sul, e o arquipélago da Nova Caledônia, na Oceania. [N. T.]

O feminismo como luta pelo direito de existir

Dizer-se feminista decolonial, defender os feminismos de política decolonial hoje não é apenas arrancar a palavra "feminismo" das mãos ávidas da oposição, carente de ideologias, mas também afirmar nossa fidelidade às lutas das mulheres do Sul global que nos precederam. É reconhecer seus sacrifícios, honrar suas vidas em toda a sua complexidade, os riscos que assumiram, as hesitações e as desmotivações que conheceram. É receber suas heranças. Também é reconhecer que a ofensiva contra as mulheres, atualmente justificada e reivindicada publicamente pelos dirigentes estatais, não é simplesmente a expressão de uma dominação masculinista descomplexificada, e sim uma manifestação da violência destruidora suscitada pelo capitalismo. O feminismo decolonial é a despatriarcalização das lutas revolucionárias. Em outras palavras, os feminismos de política decolonial contribuem na luta travada durante séculos por parte da humanidade para afirmar seu *direito à existência*.

Os feminismos de política decolonial[10]

Um dos fatos marcantes do início deste século XXI, que vem se afirmando há alguns anos, é o movimento de feministas de política decolonial no mundo. Essa corrente desenvolveu uma multiplicidade de práticas, experiências e teorias. As mais motivadoras e originais são aquelas provenientes de movimentos ligados

---

10 Utilizo "um movimento", "movimentos" ou "os movimentos" e não digo "o movimento"; assim, sinalizo uma pluralidade de feminismos, a possibilidade de alternativas feministas, sendo todas elas, ao menos as que me interessam, resolutamente antirracistas, anticapitalistas e anti-imperialistas.

à terra que abordam as questões de modo transversal e interseccional. Esse movimento, de feministas de política decolonial, não surpreendentemente provoca uma reação violenta nos heteropatriarcados, nas feministas do Norte e nos governos. Foi no Sul global que ele se desenvolveu, reativando a memória das lutas feministas precedentes, nunca perdidas porque nunca foram abandonadas, apesar dos terríveis ataques sofridos. Apoiados por feministas da Espanha, da França e dos Estados Unidos, os movimentos que o compõem declararam guerra ao racismo e ao sexismo, ao capitalismo e ao imperialismo na ocasião das grandes manifestações na Argentina, na Índia, no México e na Palestina. Suas militantes denunciam o estupro e o feminicídio e atrelam esse combate às lutas contra as políticas de desapropriação, contra a colonização, o extrativismo e a destruição sistemática da vida. Não se trata nem de uma "nova onda", nem de uma "nova geração", para usar as fórmulas favoritas que mascaram as vias múltiplas dos movimentos das mulheres, mas de uma nova etapa no processo de decolonização, que, sabemos, é um longo processo histórico. Essas duas fórmulas (onda e geração) contribuem para o apagamento do longo trabalho subterrâneo que permite às tradições esquecidas renascerem e ocultam o próprio fato de que elas foram soterradas; em outras palavras, essa metáfora confia uma responsabilidade histórica a um fenômeno mecânico ("onda") ou demográfico ("geração"). Os feminismos de política decolonial rejeitam essas fórmulas que segmentam, pois eles se apoiam na longa história das lutas de suas antepassadas, mulheres autóctones durante a colonização, mulheres reduzidas à escravidão, mulheres negras, mulheres nas lutas de libertação nacional e de internacionalismo subalterno feminista nos anos 1950–1970, mulheres racializadas que lutam cotidianamente nos dias de hoje.

Os movimentos feministas de política decolonial, junto a outros movimentos decoloniais e a todos os movimentos de emancipação, enfrentam um momento de aceleração do capitalismo que atualmente regula o funcionamento das democracias. Eles devem encontrar alternativas ao absolutismo econômico e à fabricação infinita de mercadorias. Nossas lutas constituem uma ameaça aos regimes autoritários que acompanham o absolutismo econômico do capitalismo. Elas ameaçam também a dominação masculina, assustada por ser obrigada a renunciar a seu poder – e que, por todo lugar, mostra sua proximidade com as forças fascistas. Elas desestabilizam igualmente o feminismo civilizatório que, ao transformar os direitos das mulheres em uma ideologia de assimilação e de integração à ordem neoliberal, reduz as aspirações revolucionárias das mulheres à demanda por divisão igualitária dos privilégios concedidos aos homens brancos em razão da supremacia racial branca. Cúmplices ativas da ordem capitalista racial, as feministas civilizatórias não hesitam em apoiar políticas de intervenção imperialistas, políticas islamofóbicas ou negrofóbicas.

As consequências são enormes e o perigo imenso. Trata-se aqui de fazer oposição ao nacionalismo autoritário e ao neofascismo, que consideram as feministas racializadas inimigas a serem abatidas. E a democracia ocidental não nos protegerá mais quando os interesses do capitalismo forem de fato ameaçados. O absolutismo capitalista vê com bons olhos todos os regimes que lhe permitam impor suas regras e seus métodos, abrindo-lhes espaços que ainda não foram colonizados, concedendo-lhes acesso à propriedade da água, do ar e da terra.

A ascensão dos reacionários de todos os tipos deixa algo claro: uma feminista que não luta pela igualdade de gênero, que se recusa a ver como a integração deixa as mulheres racializadas à mercê da brutalidade, da violência, do estupro e do assassinato, acaba por ser cúmplice de tudo isso. Essa é a lição a ser tirada da eleição para presidente do Brasil, em outubro de 2018, de um homem branco apoiado por grandes proprietários de terra, pelo mundo dos negócios e por Igrejas evangélicas; um homem que declarou abertamente sua misoginia, sua homofobia, sua negrofobia, seu desprezo pelos povos indígenas, sua vontade de vender o Brasil ao melhor pagador, de violar as leis sociais voltadas às classes mais pobres e as leis de proteção à natureza, de voltar atrás nos acordos assinados com povos indígenas, e tudo isso alguns meses após o assassinato da vereadora *queer* e negra Marielle Franco. Uma abordagem simples em termos de igualdade de gênero mostra seus limites no momento em que partidos de direita autoritária e de extrema direita elegem mulheres para sua presidência ou as escolhem como porta-vozes – Sarah Palin, Marine Le Pen, Giorgia Meloni...

Crítica dos epistemicídios

No magnífico filme de Fernando Solanas, *A hora dos fornos* (1968), a seguinte frase aparece na tela: "O preço que pagamos por sermos humanizados/as" [*The price we pay to be humanized*].

Com efeito, o preço a ser pago foi e continua sendo pesado. O sistema contra o qual lutamos relegou à inexistência saberes científicos, estéticas e categorias inteiras de seres humanos. Este mundo europeu nunca conseguiu ser hegemônico, mas ele se apropriou, sem hesitar e sem se envergonhar, de saberes, estéticas, técnicas e filosofias de povos que ele subjugava e cuja civilização ele negava. Nosso combate se posiciona claramente contra a política do roubo justificado, legitimado e praticado sob os auspícios ainda vivos de uma missão civilizatória. Sem negar as complexidades e as contradições dos séculos de colonialismo europeu, ou aquilo que escapou às suas técnicas de vigilância; sem ocultar também as técnicas de empréstimo ou de desvio utilizadas por colonizados/as, ainda nos falta um conhecimento aprofundado das trocas (culturais, técnicas e científicas) Sul-Sul. Em grande parte, essa falta se deve às políticas de financiamento da pesquisa. Trata-se de uma luta por justiça epistêmica, isto é, uma justiça que reivindica a igualdade entre os saberes e contesta a ordem do saber imposto pelo Ocidente. Os feminismos de política decolonial se inscrevem no amplo movimento de reapropriação científica e filosófica que revisa a narrativa europeia do mundo. Eles contestam a economia-ideologia da falta, essa ideologia ocidental-patriarcal que transformou mulheres, negros/as, povos indígenas, povos da Ásia e da África em seres inferiores marcados pela ausência de razão, de beleza ou de um espírito naturalmente apto à descoberta científica e técnica. Essa ideologia forneceu o fundamento das políticas de desenvolvimento que, *grosso modo*, dizem: "Vocês são subdesenvolvidos, mas podem se tornar desenvolvidos, desde que adotem nossas tecnologias, nossos modos de resolver os problemas sociais e econômicos. Vocês devem imitar nossas democracias, o melhor dos sistemas, pois não sabem o que é liberdade, respeito pelas leis, separação de poderes". Essa ideologia alimenta o feminismo civilizatório que, por sua vez, basicamente afirma: "Vocês não possuem liberdade, não conhecem os direitos que têm. Nós vamos ajudá-los a atingir o nível adequado de desenvolvimento". O trabalho de redescoberta e valorização dos saberes, das filosofias, das literaturas e dos imaginários não começa conosco, mas uma de nossas missões é nos esforçarmos para conhecê-los e disseminá-los. As militantes feministas sabem como a difusão das lutas está suscetível à interrupção; elas enfrentam frequentemente a ignorância das lutas e das resistências, muitas vezes escutando coisas como "nossos pais baixaram a cabeça, deixaram-se levar". A história das lutas feministas é repleta de lacunas, de aproximações, de generalidades. As feministas de política decolonial e das universidades feministas racializadas compreenderam a necessidade de desenvolver ferramentas próprias de difusão e de conhecimento: por meio de blogs, filmes, exposições, festivais, encontros, obras, peças de teatro, danças, cantos, músicas, elas fazem circular narrativas e textos, traduzem, publicam, filmam, tornam conhecidos figuras históricas e movimentos. É um movimento de destaque, que se empenha em traduzir textos feministas provenientes do continente africano, da Europa, do Caribe, da América do Sul e da Ásia em diversas línguas.

O que é a colonialidade?

Entre os eixos de luta de um feminismo decolonial é necessário, primeiramente, sublinhar o combate à violência policial e à militarização acelerada da sociedade, que se apoiam na ideia de que a proteção deve ser garantida pelo Exército, pela justiça de classe/racial e pela polícia. Isso implica recusar o feminismo carcerário e punitivo que se satisfaz com uma abordagem judicial das violências, sem questionar a morte de mulheres e homens racializados/as, uma vez que elas são apresentadas como "naturais", consideradas um fato de cultura, um acidente, uma triste contingência em nossas democracias. É necessário denunciar a violência sistêmica contra as mulheres e os transgêneros, mas sem opor as vítimas umas às outras; é preciso analisar a produção dos corpos racializados sem esquecer a violência que tem por alvo os/as transgêneros/as e os/as trabalhadores/as do sexo; desnacionalizar e decolonizar a narrativa do feminismo branco burguês sem ocultar as redes feministas antirracistas internacionalistas; prestar atenção às políticas de apropriação cultural, desconfiar do interesse das instituições de poder pela "diversidade". Não devemos subestimar a velocidade com que o capital é capaz de absorver certas noções para transformá-las em palavras de ordem esvaziadas de seu conteúdo; por que o capital não seria, então, capaz de incorporar a ideia de decolonização, de decolonialidade? O capital é colonizador, a colônia lhe é consubstancial, e para entender como ela perdura, é preciso se libertar de uma abordagem que enxerga na colônia apenas a forma que lhe foi dada pela Europa no século XIX e não confundir colonização com colonialismo. Nesse sentido, a distinção que faz Peter Ekeh é útil: a colonização é um acontecimento/período, e o colonialismo é um processo/movimento, um movimento social total cuja perpetuação se explica pela persistência das formações sociais resultantes dessas sequências.[11] Os feminismos decoloniais estudam o modo como o complexo racismo/sexismo/etnicismo impregna todas as relações de dominação, ainda que os regimes associados a esse fenômeno tenham desaparecido. A noção de colonialidade é ex-

---

[11] Citado por Sabelo J. Ndlovu-Gatsheni, *Epistemic Freedom in Africa: Deprovincialization and Decolonization*. London: Routledge, 2018, p. 64. O texto de Peter Ekeh é de 1983.

tremamente importante para analisar a França contemporânea neste momento em que tantas pessoas, mesmo aquelas que se posicionam à esquerda, continuam acreditando que o colonialismo acabou. De acordo com essa narrativa, a descolonização teria simplesmente colocado um ponto final no colonialismo. No entanto, além de a República continuar exercendo controle sobre territórios em estado de dependência, as instituições de poder permanecem estruturadas pelo racismo. Para as feministas de política decolonial na França, a análise da colonialidade republicana francesa permanece central. Trata-se de uma colonialidade que herdou a partilha do mundo que a Europa definiu no século XVI e que continuou reafirmando por meio da espada, da pena de escrever, da fé, do chicote, da tortura, da ameaça, da lei, do texto, da pintura e, depois, por meio da fotografia e do cinema; uma colonialidade que institui uma política de vidas descartáveis, *humans as waste*. Entretanto, não saberíamos limitar nossa proposta ao espaço-tempo da narrativa europeia. A história das decolonizações é também aquela do longo período de lutas que abalaram a ordem do mundo. Desde o século XVI, os povos combateram a colonização ocidental (as lutas dos povos indígenas e dos/as africanos/as reduzidos/as à escravidão e a Revolução Haitiana). Ainda, apagar as transferências e os itinerários das libertações Sul-Sul, ocultando as experiências internacionalistas das forças anticoloniais, leva a crer que a descolonização foi apenas uma independência do ponto de vista da lei, até mesmo um engodo. A ignorância sobre a circulação Sul-Sul de pessoas, ideias e práticas emancipatórias sustenta a hegemonia do eixo Norte-Sul; não obstante, as trocas Sul-Sul foram cruciais para a difusão de sonhos de libertação. Essas releituras em termos de espaço-tempo são fundamentais para estimular a imaginação das feministas de política decolonial.

Contra o eurocentrismo

Para dar o alcance necessário à nossa crítica, é preciso dizer que o feminismo civilizatório nasce com a colônia, pois as feministas europeias elaboram um discurso sobre a opressão se comparando aos escravos. A metáfora da escravidão é poderosa, afinal, as mulheres não seriam propriedade do pai e do marido? Não estariam submissas às leis sexistas da Igreja e do Estado? O feminismo da Europa das Luzes não reconhece as mulheres que participaram da Revolução Haitiana (que será comemorada pelos poetas românticos), nem as mulheres escravizadas que se revoltaram, fugiram, resistiram. A questão aqui não é emitir um juízo de valor retrospectivo, mas se perguntar por quê, tendo em conta essa cegueira, essa indiferença, ainda não foi feita uma revisão crítica da genealogia do feminismo europeu. Reescrever a história do feminismo desde a colônia é primordial para o feminismo decolonial. Não podemos nos contentar em pensar a colônia como uma questão subsidiária da história. É preciso considerar que, sem ela, não teríamos uma França de instituições estruturalmente racistas. No que concerne às mulheres racializadas do Norte e do Sul global, todas as facetas de suas vidas, os riscos aos quais elas se expõem, o preço que pagam pela existência da misoginia, do sexismo e do patriarcado ainda estão para ser estudados e visibilizados. Lutar contra o femi-imperialismo é fazer ressurgir do silêncio as vidas das mulheres "anônimas", recusar o processo de pacificação e analisar por que e como os direitos das mulheres se tornaram uma arma ideológica a serviço do neoliberalismo (que pode perfeitamente, em outros lugares, promover um regime misógino, homofóbico e racista). Quando os direitos das mulheres se resumem à defesa da liberdade – "ser livre para, ter o direito de..." –, sem questionar o conteúdo dessa liberdade e sem interrogar a genealogia dessa noção na modernidade europeia, temos o direito de perguntar se esses direitos não estariam sendo concedidos pelo fato de outras mulheres não serem livres. A narrativa do feminismo civilizatório permanece encerrada no espaço da modernidade europeia e nunca considera o fato de que ela se funda na negação do papel da escravidão e do colonialismo em sua própria formação. A solução não é conceder um lugar, necessariamente marginal, às mulheres escravizadas, colonizadas ou às mulheres racializadas e provenientes dos territórios ultramarinos. O que está em questão é a forma como a divisão do mundo, no qual a escravidão e o colonialismo operam desde o século XVI (de um lado uma humanidade que tem o direito de viver e, de outro, aquela que pode morrer), atravessa os feminismos ocidentais. Se o feminismo permanece fundado na divisão entre mulheres e homens (uma divisão que precede a escravidão), mas não analisa como a escravidão, o colonialismo e o imperialismo agem sobre essa divisão – nem como a Europa impõe a concepção da divisão mulheres/homens aos povos que ela coloniza ou como esses povos criam outras divisões –, ele é, então, um feminismo machista. A Europa permanece como seu centro, todas as análises partem dela: as raízes coloniais do fascismo são esquecidas; o capitalismo racial não é uma categoria de análise; as mulheres escravizadas e colonizadas não são percebidas como o espelho negativo das mulheres europeias. Raras são as feministas europeias que foram claramente antirracistas e anticolonialistas. Evidentemente, houve exceções: jornalistas, advogadas e militantes declararam solidariedade aos/às colonizados/as, mas esse exemplo não constituiu o fundamento do feminismo francês – que, no entanto, tem uma dívida com as lutas antirracistas. Mesmo o apoio aos/às nacionalistas argelinos/as, que foi tão importante para as feministas francesas, não resultou em uma análise do "choque do retorno" do qual fala, admiravelmente, Aimé Césaire em seu *Discurso sobre o colonialismo*: a colonização trabalha para *descivilizar* o colonizado. Falar de feminismo civilizatório, ou branco-burguês, nessa perspectiva, adquire um sentido bastante preciso. Ele não é "branco" simplesmente porque as mulheres brancas o adotaram, mas porque ele reivindica seu pertencimento a uma parte do mundo, à Europa, que foi construída com base em uma partilha racializada do mundo. Temos o direito de colocar a seguinte pergunta: como e por que o feminismo teria escapado daquilo que foi difundido durante séculos de dominação e supremacia brancas? Uma vez que, frequentemente, confundimos racismo e extrema direita, *pogroms* e guetos na Europa, não é possível medir até que ponto o racismo se espalhou e se propagou na surdina, sem furor, por meio da naturalização do estado de servidão racializada e da ideia de que algumas civilizações seriam incompatíveis com o progresso e os direitos das mulheres. Salvar as mulheres racializadas do "obscurantismo" continua sendo um dos grandes princípios das feministas civilizatórias. Elas fizeram desse princípio uma política que visa às mulheres das colônias e, em seus países, às mulheres racializadas e às mulheres de classes populares. Não se pode negar que, para algumas, essas ações encontram fundamento na boa vontade, na ideia de que elas são movidas por bons sentimentos e pelo desejo de melhorar a situação das mulheres; admite-se também que colonizados/as souberam tirar vantagem dessas ações, mas há uma diferença entre ajuda e crítica radical do colonialismo e do capitalismo, entre ajuda e combate da exploração e da injustiça. Ou, para citar a militante indígena australiana

Lilla Watson: "Se vocês vieram para me ajudar, estão perdendo seu tempo. Mas se vieram porque a libertação de vocês está ligada à minha, então trabalhemos juntas".[12]

Por uma pedagogia decolonial crítica

As teorias e as práticas forjadas no seio das lutas antirracistas, anticapitalistas e anticoloniais são fontes inestimáveis. Os feminismos de política decolonial colocam à disposição das lutas que partilham o objetivo de reumanizar o mundo a sua biblioteca de saberes, sua experiência de práticas, suas teorias antirracistas e antissexistas, incansavelmente associadas às lutas anticapitalistas e anti-imperialistas. Uma feminista não pode ambicionar possuir "a" teoria e "o" método, ela busca ser transversal. Ela se questiona acerca daquilo que não enxerga, tenta descontruir o cerco escolar que lhe ensinou a não mais ver, a não mais sentir, a abafar seus sentimentos, a não mais saber ler, a ser dividida no interior de si mesma e a ser separada do mundo. Ela deve reaprender a ouvir, ver, sentir para poder pensar. Ela sabe que a luta é coletiva, sabe que a determinação dos/as inimigos/as em destruir as lutas de libertação não deve ser subestimada, que eles usarão todas as armas à sua disposição: a censura, a difamação, a ameaça, o encarceramento, a tortura, o assassinato. Ela também sabe que na luta há dificuldades, tensões, frustrações, mas também alegria, diversão, descobertas e ampliação do mundo.

[12] A citação foi retirada do discurso de Lilla Watson na Conferência das Nações Unidas para a "década das mulheres" em Nairóbi, em 1985, mas Watson prefere dizer que ela é fruto de uma reflexão coletiva dos grupos militantes aborígenes de Queensland, elaborada nos anos 1970.

O feminismo aqui em questão faz uma análise *multidimensional* da opressão e se recusa a enquadrar raça, sexualidade e classe em categorias que se excluem mutuamente. A multidimensionalidade, noção proposta por Darren Lenard Hutchinson, responde aos limites da noção de interseccionalidade, com vistas a melhor compreender como o "poder racista e heteronormativo cria não apenas exclusões precisas na intersecção das dominações, mas molda todas as proposições sociais e subjetivas, inclusive entre aqueles que são privilegiados".[13] Essa noção ecoa no "feminismo da totalidade", uma análise que se propõe a levar em conta a *totalidade* das relações sociais.[14] Eu partilho da importância atribuída ao Estado e sou adepta de um feminismo que pensa *conjuntamente* patriarcado, Estado *e* capital, justiça reprodutiva, justiça ambiental *e* crítica da indústria farmacêutica, direito dos/as migrantes, dos/as refugiados/as *e* fim do feminicídio, luta contra o Antropoceno-Capitaloceno racial *e* luta contra a criminalização da solidariedade. Não se trata de reconectar elementos de modo sistemático e, no fim das contas, abstrato, mas de fazer o esforço de observar se existem conexões e quais são elas. Uma abordagem multidimensional permite evitar uma hierarquização das lutas fundada em uma escala de urgência cuja estrutura, via de regra, permanece ditada por preconceitos. Sustentar múltiplos

---

13 Michael Stambolis-Ruhstorfer, "La 'Multidimensionnalité' comme outil de lutte pour une justice raciale et sexuelle complète", in Hourya Bentouhami e Mathias Möschel (ed.), *Critical Race Theory: Une introduction aux grands textes fondateurs*. Paris: Dalloz, 2017, p. 310.
14 Félix Boggio Éwanjé-Épée, Stella Magliani-Belkacem, Morgane Merteuil e Frédéric Monferrand, "Programme pour un féminisme de la totalité", in Titti Bhattacharya et al., *Pour Un Féminisme de la totalité*. Paris: Éditions Amsterdam, 2017, p. 18.

fios ao mesmo tempo para superar a segmentação induzida pela ideologia e "apreender o modo pelo qual a produção e a reprodução social se articulam historicamente",[15] eis o desafio. Foi essa abordagem que guiou minha análise de milhares de abortos e esterilizações sem consentimento perpetradas anualmente na ilha da Reunião nos anos 1970, pois, se eu tivesse parado na explicação que identificava como únicos responsáveis por esse crime os médicos brancos e franceses que o cometiam, eu o teria reduzido a uma história de ganância de alguns homens brancos; porém, um estudo da totalidade dos elementos descortinou uma política estatal francesa a favor da natalidade na França e contra a natalidade das mulheres racializadas e pobres em seus departamentos "ultramarinos", política que se inscrevia no âmbito de uma reconfiguração global das políticas ocidentais de controle de nascimentos em um contexto de lutas de libertação nacional e de Guerra Fria.[16] Da mesma forma, em uma apresentação[17] de pedagogia decolonial crítica, utilizei uma fruta conhecida, a banana, para esclarecer certo número de analogias e afinidades eletivas provenientes de sua disseminação da Nova Guiné para o resto do mundo: banana e escravidão, banana e imperialismo US (*bananas republics*), banana e agronegócio (pesticidas, inseticidas – o escândalo do clordecona nas Antilhas), banana e condições de trabalho (regime de *plantation*, violência sexual, repressão),

---

[15] Ibid., p. 23.
[16] Françoise Vergès, *Le Ventre des femmes. Capitalisme, racialisation, féminisme*. Paris: Albin Michel, 2017.
[17] Apresentação feita em conferências e ateliês nos países do Sul que versaram sobre pedagogias decoloniais. Ver o artigo fruto dessa apresentação: Françoise Vergès, "Bananes, esclavage et capitalisme racial". *Le Journal des Laboratoires, Cahier C*, 19, Aubervilliers, 2018–2019, pp. 9–11.

banana e meio ambiente (monocultura, água poluída, terras poluídas), banana e sexualidade, banana e música, banana e espetáculo (Josephine Baker), banana e *branding* (*Banana Republic*), banana e racismo (há quanto tempo a banana está associada à negrofobia?), banana e ciência (a busca pela banana "perfeita"), banana e consumo (levar a banana aos lares, sugerir receitas), banana e ritos aos antepassados, banana e arte contemporânea. O método é simples: partir de um elemento para revelar um ecossistema político, econômico, cultural e social buscando evitar a segmentação imposta pelo método ocidental das ciências sociais. Aliás, as análises mais esclarecedoras e produtivas das últimas décadas foram aquelas que puxaram o maior número de fios, colocando em evidência as redes de opressão concretas e subjetivas que tecem a teia da exploração e das discriminações.

O feminismo decolonial como imaginário utópico

No contexto de um capitalismo com o poder destrutivo redobrado, de um racismo e de um sexismo mortais, esta obra diz sim ao feminismo que chamo de *feminismo de política decolonial*, que precisa ser defendido, desenvolvido, afirmado e colocado em prática. O *feminismo de quilombagem* oferece ao feminismo decolonial uma ancoragem histórica nas lutas de resistência ao tráfico e à escravidão. Chamo aqui de quilombagem [*marronnage*] e de quilombolas todas as iniciativas, todas as ações, todos os gestos, cantos e rituais que noite e dia, escondidos ou visíveis, representam uma promessa radical. A quilombagem afirmava a possibilidade de um futuro mesmo quando ele era negado pela lei, pela Igreja, pelo Estado e pela cultura, os quais proclamavam que não havia alternativa à escravidão – considerada tão natural quanto o dia e a noite – e afirmavam que a exclusão dos/as negros/as da humanidade era algo natural. Os/As quilombolas tornaram visível o aspecto fictício dessa naturalização e, ao quebrarem os códigos, elas/eles operaram uma ruptura radical que rasgou o véu da mentira. Elas/eles desenharam territórios soberanos no próprio coração do sistema escravocrata e proclamaram a liberdade. Seus sonhos, suas esperanças, suas utopias, e mesmo os motivos de suas derrotas, permanecem espaços de onde se pode tirar um pensamento de ação. Portanto, é uma utopia, no sentido de uma promessa radical, que se coloca como uma via contrária ao capitalismo, que também proclama que não há alternativa à sua ideologia, que ele é tão natural quanto o dia e a noite, e chega a prometer soluções tecnológicas e científicas que transformam suas ruínas em espaços de felicidade. Contra essas ideologias, a quilombagem como política da desobediência afirma que existe a possibilidade de uma "futuridade" [*futurity*], para usar a noção das feministas negras dos Estados Unidos. Afirmando-se quilombola, o feminismo se ancora nesse questionamento da naturalização da opressão; afirmando-se decolonial, ele combate a colonialidade do poder. Mas o engajamento no campo do feminismo seria a resposta adequada ao aumento do fascismo na política, à predação capitalista, à destruição das condições ecológicas necessárias aos seres vivos, às políticas de desapropriação, de colonização, de apagamento e de mercantilização, à criminalização e à prisão como respostas para o aumento da pobreza? Faz sentido lutar pelo feminismo civilizatório, também chamado de *mainstream* ou de branco-burguês, que acredita poder corrigir as injustiças dividindo os cargos igualitariamente entre homens e mulheres sem questionar a organização social, econômica e cultural e que pretende transformar o gênero, a sexualidade, a classe, as origens e a religião em um assunto completamente privado ou em mercadoria? Combater o femonacionalismo e o femi-imperialismo (desenvolverei os conceitos posteriormente) também é um argumento para defender o feminismo decolonial, mas não é o bastante. O argumento essencialista de uma natureza feminina que seria mais capaz de respeitar a vida e de desejar uma sociedade justa e igualitária não se sustenta; as mulheres não são, nem espontaneamente nem em si mesmas, uma categoria política. O que justifica uma reaproximação do termo "feminismo" de suas teorias e práticas ancora-se na consciência de uma experiência profunda, concreta e cotidiana de uma opressão produzida pela matriz Estado, patriarcado e capital, que fabrica a categoria "mulheres" para legitimar as políticas de reprodução e de categorização [*assignation*],[18] ambas racializadas.

Os feminismos de política decolonial não têm por objetivo melhorar o sistema vigente, mas combater todas as formas de opressão. Justiça para as mulheres significa justiça para todos. Eles não cultivam esperanças ingênuas, não se alimentam do ressentimento ou da amargura. Nós sabemos que o caminho é longo e cheio de percalços, porém guardamos na memória a coragem e a resistência das mulheres racializadas ao longo da história. Não se trata, portanto, de uma nova onda do fe-

---

[18] A *assignation*, no contexto utilizado, diz respeito a papéis atribuídos a determinados grupos sociais em função de suas representações predominantes. Nesse sentido, espera-se que esses grupos correspondam aos papéis que lhes foram designados sob pena de serem considerados fora da norma.

minismo, e sim da continuação das lutas de emancipação das mulheres do Sul global.

Os feminismos de política decolonial são respaldados em teorias e práticas que certas mulheres forjaram ao longo do tempo no seio das lutas antirracistas, anticapitalistas e anticoloniais, contribuindo para a ampliação das teorias de libertação e de emancipação no mundo inteiro. O que está em questão é o combate firme da violência policial, da militarização acelerada da sociedade e da concepção de segurança que confia ao Exército, à justiça de classe/racial e à polícia a tarefa de assegurá-la. Essa postura implica a recusa do feminismo do encarceramento, do feminismo punitivo.

Nessa cartografia das lutas das mulheres do Sul, a escravidão colonial exerce, a meu ver, um papel fundamental. Ela é a "matriz da raça", para retomar a expressão tão precisa da filósofa Elsa Dorlin; ela reconecta a história da acumulação de riquezas, da economia de *plantation* e do estupro (fundamento de uma política da reprodução na colônia) à história da destruição sistemática dos laços sociais e familiares e ao núcleo raça/classe/gênero/sexualidade. A temporalidade escravidão/abolição coloca a escravidão colonial em um passado histórico, e assim ignora o fato de que as estratégias de racialização e sexualização continuam projetando suas sombras em nosso tempo. No entanto, a imensa contribuição do afro-feminismo (Brasil, Estados Unidos) para a compreensão da importância da escravidão colonial na formação do mundo moderno e na invenção do mundo branco, assim como do papel exercido pela escravidão colonial na proibição de laços familiares, ainda não afetou as análises do feminismo branco-burguês. Feministas do Ocidente certamente analisaram como se constroem a "boa maternidade", a "boa mãe" e o "bom pai" da família heteronormativa, mas sem nunca levar em conta o "choque do retorno" da escravidão e do colonialismo. Sabe-se que, sob um regime de escravidão, a qualquer momento se podiam arrancar os filhos de suas mães; que elas não estavam autorizadas a defendê-los; que as mulheres negras estavam à disposição dos filhos de seus proprietários como amas de leite; que meninas e mulheres negras eram exploradas sexualmente e que todos esses papéis estavam submetidos aos caprichos do senhor de escravos/as, de sua esposa e seus filhos/as. Os homens eram privados do papel social de pai e de companheiro. Essa destruição de laços familiares, que era estabelecida pela lei, continua a projetar sua sombra sobre as políticas familiares que visam às minorias racializadas e aos povos indígenas.

Mulheres brancas e mulheres do Sul global

Sabemos que as mulheres brancas não gostam que lhes digam que elas são brancas. Ser branco foi construído como algo tão ordinário, tão despido de características, tão normal, tão desprovido de sentido que, como observa Gloria Wekker em *White Innocence: Paradoxes of Colonialism and Race*,[19] é praticamente impossível fazer uma mulher branca reconhecer que é branca. Se você lhe disser isso, ela fica perturbada, agressiva, horrorizada, praticamente em lágrimas. Ela acha seu comentário "racista". Para Fatima El-Tayeb, dizer que o pensamento europeu moderno deu origem à raça representa uma violação insuportável de algo precioso para europeus e europeias: a ideia de um

[19] Gloria Wekker, *White Innocence: Paradoxes of Colonialism and Race*. Durham: Duke University Press, 2016.

continente *color-blind* [daltônico], desprovido da ideologia devastadora que ele exportou para o mundo inteiro.[20] O sentimento de ser inocente está no centro dessa incapacidade de se ver como branca e, portanto, de se proteger contra toda e qualquer responsabilidade na ordem do mundo atual. Assim, não poderia haver um feminismo branco (uma vez que não há mulheres brancas), mas um feminismo universal. A ideologia dos direitos das mulheres que o feminismo civilizatório promove não poderia ser racista, pois emana de um continente livre de todo racismo. Antes de prosseguir, convém repetir – uma vez que toda referência à existência de branquitude gera uma acusação de "racismo às avessas" – que não se trata aqui da cor de pele, nem de racializar, mas de admitir que a longa história da racialização na Europa (que ganhou forma pelo antissemitismo, pela invenção da "raça negra", da "raça asiática" ou do Oriente) não foi isenta de consequências no que concerne à concepção do humano, da sexualidade, dos direitos naturais, da beleza e da feiura... Admitir ser branca, isto é, admitir que privilégios foram historicamente concedidos a essa cor – privilégios que podem ser tão banais quanto poder entrar em uma loja sem ser automaticamente considerada suspeita de roubo, não precisar ouvir, sistematicamente, que o apartamento que queremos já está alugado, ser naturalmente tomada como a advogada e não sua assistente, como a médica e não a auxiliar de enfermagem, como a atriz e não a empregada... –, já seria um grande passo. Admite-se que mulheres brancas souberam ser de fato solidárias às lutas de antirracismo político. Porém, elas também precisam compreender o cansaço sentido sempre que

---

20 Fatima El-Tayeb, *European Others*. Durham: Duke University Press, 2011, p. xv.

é necessário educá-las acerca da própria história, mesmo que uma vasta biblioteca sobre esses temas esteja disponível. O que as impede? Por que elas esperam para ser educadas? Algumas dizem que nós esquecemos a classe, que o racismo foi inventado para dividir a classe operária, que paradoxalmente nós favorecemos a extrema direita ao falar em "raça". Cabe sempre às racializadas explicar, justificar, reunir os fatos, os números, no entanto fatos, números e senso moral não mudam nada na relação de força. Reni Eddo-Lodge expressa um sentimento familiar e legítimo quando explica: "Porque não quero mais falar sobre raça com os brancos". Fingir que o debate sobre o racismo pode se dar como se as duas partes estivessem em condições de igualdade é ilusório, ela escreve, e não cabe àquelas e àqueles que nunca foram vítimas de racismo impor o formato da discussão.[21]

A mulher branca foi literalmente uma produção da colônia. Em *La Matrice de la race* [A matriz da raça], a filósofa Elsa Dorlin explica como, nas Américas, os primeiros naturalistas se basearam na diferença sexual para elaborar o conceito de "raça": os índios do Caribe ou os escravos deportados seriam populações com temperamento patogênico, efeminado e fraco. Passa-se, escreve Dorlin, da definição de um "temperamento de sexo" para a definição de um "temperamento de raça". O modelo feminino da "mãe" branca, saudável, maternal, em oposição às figuras de uma feminilidade "degenerada" – a feiticeira, a escrava africana –, dá corpo à Nação, conclui a filósofa.[22] As mulheres europeias não escapam à divisão epistemológica que opera no século XVI

---

[21] Reni Eddo-Lodge, *Why I'm No Longer Talking to White People About Race*. London: Bloomsbury, 2017.
[22] Elsa Dorlin, *La Matrice de la race: Généalogie sexuelle et coloniale de la Nation française*. Paris: La Découverte, 2008.

e que reduz à "não existência" uma quantidade considerável de conhecimentos.[23] A seus olhos, as mulheres do Sul estão privadas de saberes, de uma real concepção da liberdade, daquilo que faz uma família ou daquilo que constitui o ser "mulher", que não estaria necessariamente ligado ao gênero ou ao sexo definidos no nascimento. Percebendo-se como vítimas dos homens (e, de fato, elas permaneceram menores perante a lei por séculos), elas não enxergam que seu desejo de igualdade em relação a esses homens repousa na exclusão de mulheres e homens racializados/as e que a concepção europeia do mundo, da modernidade na qual se inscrevem, colocam mulheres e homens que não pertencem nem à sua classe nem à sua raça em uma situação de desigualdade de fato e de direito. Fazendo de suas experiências, que costumam ser experiências de mulheres da classe burguesa, um universal, contribuem para a divisão do mundo em dois: civilizados/bárbaros, mulheres/homens, brancos/negros, e assim a concepção binária do gênero se torna um universal. María Lugones falou sobre a "colonialidade do gênero" nos seguintes termos: a experiência histórica das mulheres colonizadas não é apenas a de uma desqualificação racial, ela escreve, mas também a de uma determinação sexual. As mulheres colonizadas são reinventadas como "mulheres" com base em normas, critérios e práticas discriminatórias experimentadas na Europa medieval.[24] As mulheres racializadas en-

---

[23] Ver sobre esse tema: Boaventura de Sousa Santos, *Épistémologies du Sud: Mouvements citoyens et polémique sur la science*. Paris: Desclée de Brouwer, 2016.
[24] María Lugones, "Heterosexualism and the Colonial Modern Gender System". *Hypatia*, n. 1, v. 22, Bloomington, 2007, pp. 186–219, e "Colonialidad y género", *Tabula Rasa*, n. 9, jul.-dez., Bogotá, 2008, pp. 73–101. Em francês, a apresentação dessa teoria foi traduzida por Jules Falquet: "Les

frentaram, pois, dupla subjugação: a dos colonizadores e a dos homens colonizados. A filósofa feminista nigeriana Oyèrónke Oyěwùmí também questiona o universalismo das formulações euromodernas do gênero. Ela vê nele a manifestação da hegemonia do biologismo ocidental e da dominação da ideologia euro-norte-americana na teoria feminista.[25]

O feminismo e a recusa da escravidão

Ao estabelecer uma analogia entre a sua situação e a dos escravos, as feministas europeias denunciam uma situação de dependência e de menoridade para a vida, mas elas retiram da escravidão elementos essenciais, que tornam essa analogia uma usurpação: captura, deportação, venda, tráfico, tortura, negação dos laços sociais e familiares, estupro, exaustão, racismo, sexismo e morte conformam a vida das mulheres escravas. Não se trata de negar a brutalidade da dominação masculina na Europa, mas de fazer essa distinção no que concerne à escravidão. O Século das Luzes, o da publicação de textos feministas históricos para o continente europeu, é também o século do auge do tráfico transatlântico (de 70 mil a 90 mil africanos/as deportados/as por ano, enquanto até o século XVII o número variava entre 30 mil e 40 mil por ano). As feministas francesas antiescravistas (pouco numerosas) do século XVIII se baseiam

---

Racines féministes et lesbiennes autonomes de la proposition décoloniale d'Abya Yala" ["As raízes feministas e lésbicas autônomas da proposição decolonial de Abya Yala"], *Contretemps*, abr. 2017, em duas partes.
25 Oyèrónke Oyěwùmí, *The Invention of Women: Making an African Sense of Western Gender Discourses*. Minneapolis: University of Minnesota Press, 1997.

em uma visão sentimentalista, em uma literatura da piedade, para denunciar o crime da escravidão.[26] Uma das obras mais célebres desse gênero, a peça de Olympe de Gouges *Zamore e Mirza*, atribui a uma branca o papel principal: é ela que permite a emancipação dos/as negros/as da escravidão. Após correções exigidas pela Comédie-Française em 1785, passou a ser chamada de *L'Esclavage des noirs ou l'heureux naufrage* [A escravidão dos pretos, ou feliz naufrágio]; a peça conta a história de dois jovens escravos fugitivos, refugiados em uma ilha deserta. Um deles, Zamore, que matou um comandante, está sendo procurado. Ele salva do afogamento um jovem casal francês, que inclui Sophie, filha do governador Saint-Frémont. Sophie ajuda então Zamore e Mirza a escapar do estatuto de servidão e o governador libera os escravos de sua plantação ao fim da peça. Sem a mulher branca, nada de liberdade. Observemos que mesmo essa tentativa tímida, em razão de seu tom e conteúdo, causou, ainda assim, um escândalo. A peça foi julgada subversiva, pois a autora deixara entrever "uma liberdade geral [que] tornaria os homens pretos tão essenciais quanto os brancos"; que eles seriam um dia "os produtores livres de suas terras assim como os trabalhadores da Europa, que eles não deixariam mais seus campos para ir às nações estrangeiras".[27] Essa narrativa em que a intervenção dos brancos muda o destino dos/as escravos/as negros/as, em que os/as negros/as, para merecer a liberdade, deviam apresentar qualidades como bondade, sacrifício e submissão, foi hegemônica. Os textos que questionavam esse modelo eram testemunhos diretos de ex-cativos e ex-es-

---

26 Sobre a política da piedade e o abolicionismo francês, ver: Françoise Vergès, *Abolir l'esclavage: Une utopie coloniale. Les ambiguïtés d'une politique humanitaire*. Paris: Albin Michel, 2001.
27 Olympe de Gouges, *Réflexions sur les hommes nègres*. Fevereiro, 1788.

cravos. Em *Paul e Virginie*, uma das obras mais lidas do século XVIII, Bernardin de Saint-Pierre suaviza a natureza das relações entre brancos e negros. Um dos episódios mais impressionantes do romance coloca em cena uma jovem escrava que, tendo fugido devido aos maus-tratos de seu senhor, aparece um domingo de manhã em frente à casa de Virginie. Ela a acolhe e lhe dá comida antes de persuadi-la a voltar para seu senhor e pedir-lhe perdão por ter fugido. A jovem escrava é mandada de volta pela doce Virginie a seu senhor que, evidentemente, pune-a. A insensatez de Virginie é apenas fruto de sua inocência teimosa que a impede de ver o racismo. Ela faz da escravidão uma simples relação individual em que a violência pode ser reparada pelo perdão do senhor. Os testemunhos que mulheres escravas puderam deixar contradizem absolutamente essa inocência de consequências brutais, mas a mulher branca recusa-se a ver. No século XIX, a maioria das feministas, com raras exceções, como Louise Michel ou Flora Tristan, apoiam o império colonial, pois enxergam nele uma alavanca para retirar mulheres colonizadas dos grilhões do sexismo de suas sociedades. Elas não negam a missão civilizatória, mas querem garantir que seu lado feminino seja respeitado. Elas criam escolas para as moças, incentivam os trabalhos religiosos e domésticos, protestam contra abusos, mas nunca atacam a colonização em si mesma. Elas a aceitam com sua estrutura e suas instituições, encontrando na colônia a possibilidade de implementar princípios e valores do feminismo que defendem, um feminismo que adere à ordem republicana colonial. Diante da hostilidade dos colonos, elas sublimam suas ações. O estudo dos diários das mulheres viajantes, e dos relatórios de feministas pode, então, fazer-nos esquecer de que a conquista colonial é a base de sua ação, que é graças aos Exércitos coloniais que se abrem rotas de viagem e se constroem lugares onde as europeias podem viver. Na narrativa hegemônica das lutas pelos direitos das mulheres, um esquecimento em particular evidencia a recusa de considerar os privilégios atribuídos à branquitude. Essa narrativa põe em cena mulheres privadas de direitos que passam a adquiri-los progressivamente, até que se beneficiem daquele que é o emblema das democracias europeias, o direito ao voto. Ora, se por um longo tempo as mulheres brancas não puderam gozar efetivamente de inúmeros direitos civis subsidiários, essas mesmas mulheres tinham o direito de possuir seres humanos; elas possuíam escravos e plantações e, após a abolição da escravidão, estiveram à frente de plantações coloniais onde prevalecia o trabalho forçado.[28] O acesso à propriedade de seres humanos não lhes era negado e esse direito foi concedido porque eram brancas. Uma das maiores escravistas da ilha da Reunião foi uma mulher, Madame Desbassyns, que não tinha direito ao voto, a prestar vestibular, a ser advogada, médica ou professora universitária, mas tinha o direito de possuir seres humanos, classificados como "bens móveis" em seu patrimônio. Enquanto a história dos direitos das mulheres for escrita sem levar em conta esse privilégio, ela será enganosa.

Ignorando o lugar que mulheres escravas, quilombolas, trabalhadoras engajadas e colonizadas ocuparam nas lutas pela liberdade e igualdade racial, o feminismo branco estabelece o modelo único das lutas das mulheres. Essa luta se afina com a

---

28 Lembremos do filme *Indochina* [*Indochine*, de Régis Wargnier, 1992]: na Indochina dos anos 1930, Éliane Devries administra uma plantação de seringueiras com seu pai, Émile. Ela adotou Camille, uma princesa anamita órfã. Ambas se apaixonam por um jovem oficial da Marinha francesa. O resto é parecido: à nostalgia colonial se combina uma versão abrandada da luta anticolonial.

igualdade dos homens brancos burgueses e tem lugar apenas na França. A surdez e a cegueira ante os reais fundamentos dos "direitos das mulheres", ante o papel do colonialismo e do imperialismo na concepção desses direitos, só poderiam alimentar uma ideologia feminista abertamente nacionalista, desigual e islamofóbica, na qual a palavra "francês" passa a abranger não apenas um espaço de língua comum, com uma ferramenta de uso comum, mas o espaço do nacional/imperial.

Qual gênero está, então, em questão no regime da escravidão? As mulheres reduzidas à escravidão são negras e mulheres, mas nas *plantations* todos os seres humanos escravizados são bestas de carga. Aos olhos dos/as escravocratas, as mulheres negras são objetos sexuais e não seres cujo gênero demandaria que fossem tratadas com doçura e respeito. Como escravas, elas têm o *status* legal de objeto, não pertencendo, portanto, à humanidade plena. Dito de outro modo, o gênero não existe em si mesmo, ele é uma categoria histórica e cultural que evolui no tempo e não pode ser concebido da mesma maneira na metrópole e na colônia. Tampouco pode ser concebido do mesmo modo em colônias diferentes ou no interior de uma única colônia. Para as mulheres racializadas, afirmar o que é, para elas, ser mulher, foi um campo de luta. As mulheres, como eu disse, não constituem em si uma classe política.

O excepcionalismo francês: a República da inocência

Na França, onde a doutrina republicana lida com os impensados do passado colonial e com os desafios do presente pós-colonial, o feminismo veio em socorro associando feminismo à República. Mesmo que as mulheres só tenham obtido os direitos mais elementares muito tardiamente, a República será considerada de natureza aberta às diferenças. Apaga-se dessa narrativa o fato de que os direitos foram obtidos a preço de lutas. Esquece-se também que, enquanto as mulheres francesas obtiveram o direito ao voto em 1944, esse direito foi dificultado nos departamentos chamados de ultramarinos até os anos 1980. Nem todas as mulheres que vivem no espaço da República francesa se beneficiam automaticamente dos direitos concedidos às mulheres francesas brancas. E não apenas as mulheres burguesas são racistas. Em 1976, o boletim informativo das mulheres militantes revolucionárias nas fábricas chama a atenção para o racismo antiárabe das trabalhadoras da Renault em Flins, explicado "em parte pela atitude reacionária dos árabes em face das mulheres [e em parte] pelos preconceitos toxicamente veiculados pela burguesia que chocam os princípios dessas trabalhadoras: os árabes foram os primeiros a serem alojados pelas prefeituras. Eles não querem deixar suas espeluncas, eles são sujos; se voltassem a seu país, haveria menos desemprego na França".[29]

Ainda hoje, o acesso aos cuidados pré-natal e pós-parto não é distribuído igualitariamente; as mulheres racializadas são mais privadas do acesso a esses cuidados e vítimas mais frequentes da indiferença dos serviços médicos, quando não de maus-tratos. Em maio de 2017, a morte de Naomi Musenga, uma jovem de 27 anos cujas chamadas aos serviços de emergência não apenas ficaram sem resposta como também foram objeto de zombarias, lançou luz sobre essas discriminações racistas. Nenhuma instituição me parece escapar ao racismo

---

29 Fanny Gallot, "Le 'Travail femme' quotidien de 'Révo', puis de l'OCT dans les entreprises (1973–1979)", in Ludivine Bantigny, Fanny Bugnon e Fanny Gallot (eds.), *"Prolétaires de tous les pays, qui lave vos chaussettes?" Le genre de l'engagement dans les années 1968*. Rennes: PUR, p. 119.

estrutural: nem a escola, nem o tribunal, nem a prisão, nem o hospital, nem o Exército, nem a arte, nem a cultura, nem a polícia. Se o debate sobre o racismo estrutural na França é tão difícil, isso se deve também a uma paixão por princípios abstratos e não ao estudo das realidades. Apesar dos relatórios, mesmo aqueles provenientes de órgãos governamentais que provam a existência de discriminações racistas/sexistas, a cegueira persiste.

Outro obstáculo à desracialização da sociedade francesa é o narcisismo cultivado em torno de sua singularidade, de seu excepcionalismo. A língua francesa chega a ser apresentada, no século XXI, como um vetor da missão civilizatória (feminista), pois ela seria portadora da ideia de igualdade entre mulheres e homens. É um raciocínio como esse que justifica a prioridade dada às jovens africanas na obtenção de bolsas de estudos do governo.[30] A língua, porém, não é neutra e o racismo se insinua nela. A história das palavras que começam com "N" no feminino e no masculino, e que são insultos racistas, é esclarecedora. No fim do século XVIII, o "N" adquiriu totalmente o sentido de "escravo negro" e "N" e negro passaram a ser utilizados de modo indiferenciado. Um questionamento legítimo pode então ser feito: por qual milagre o vocabulário do feminismo teria sido preservado do racismo? Tomemos o exemplo de Hubertine Auclert, uma das grandes figuras do fe-

---

30 O atual governo francês, recorrendo a argumentos coloniais acerca da taxa de natalidade das africanas, que seria a causa da pobreza do continente, promete-lhes acesso à modernidade graças à adoção da língua francesa. Emmanuel Macron, em 8 de julho de 2017, falava assim sobre a África: "Uma vez que os países apresentam, ainda hoje, uma média de sete a oito filhos por mulher, você pode decidir investir milhões lá, isso não estabilizará nada".

minismo republicano francês do século XIX, conhecida por sua luta incansável pela obtenção do direito ao voto das mulheres, contra o Código Napoleônico (que fez da mulher uma menor de idade e uma pessoa submissa ao marido) e contra a pena de morte. Secretária do jornal *L'Avenir des femmes* [O Futuro das Mulheres], ela subscreve a fórmula de Victor Hugo ("As mulheres: aquelas que eu chamo de escravas"), estuda o papel das mulheres nas revoluções e denuncia a "escravidão das mulheres".[31] Laurence Klejman e Florence Rochefort, autoras de uma obra de 1989 sobre o feminismo francês, assim resumem a luta de Hubertine Auclert:

> Ela baseia toda sua formação política no feminismo e, impaciente, revolta-se contra seus antepassados que se contentaram com uma reivindicação de princípio ou que se recusaram completamente a considerar o voto das mulheres em razão do perigo que tal reforma representaria para o regime. Ela escolhe a provocação como tática. Astuciosa, imaginativa, ela já começa afirmando uma identidade política por meio de diversos atos de desobediência civil: a inscrição em listas eleitorais, a greve dos impostos, a recusa do

---

[31] Édith Taïeb, "Hubertine Auclert: "de la République dans le ménage" à la "vraie" République". Auclert era uma feminista republicana civilizatória. Em sua obra *Les Femmes arabes en Algérie* (Paris: Société d'éditions littéraires, 1900), ela defende a assimilação colonial contra um colonialismo do desprezo e contra a crueldade dos funcionários. Ela afirma que os "árabes" desejavam ser assimilados e que o sonho das muçulmanas era ser como as mulheres francesas (p. 24). Esse texto orientalista reúne os elementos do feminismo civilizatório colonial: um pouco de etnografia e de sociologia turística, clichês sobre a personalidade "resignada" dos árabes, a poligamia e o "casamento árabe", que é um "estupro de criança" (p. 42). Para Auclert, as mulheres francesas que, por sua condição, eram próximas aos árabes, estavam mais bem posicionadas para estudá-los.

recenseamento sob o pretexto de que, se as francesas não votam, também não devem pagar para serem contadas.[32]

Em 1881, ela funda seu próprio jornal, *La Citoyenne* [A Cidadã], e nele demonstra que os princípios da República são ridicularizados, aborda o 14 de Julho como uma festa da masculinidade e o Código Napoleônico como um sobrevivente da monarquia. Para Auclert, existe uma linha divisória, a *linha de cor*. Em seu texto "Les Femmes sont les nègres" [As mulheres são os pretos], ela protesta contra a concessão do direito ao voto a homens negros nas colônias, após a abolição da escravidão, em 1848: "O passo à frente dado pelos pretos selvagens, em relação às brancas cultivadas da metrópole, é uma injúria à raça branca". O direito de voto ganha cor sob a pluma da feminista: "Já que os negros podem votar, por que as mulheres brancas não podem?". "Em nossas propriedades distantes", ela prossegue, "permitimos que um grande número de negros vote, negros que não estão interessados em nossas ideias, em nossos negócios; todavia, negamos o direito ao voto às mulheres esclarecidas da metrópole, um direito que as impediria de ser esmagadas na engrenagem social". A *coloração* do direito ao voto revela a força do preconceito racista dessa feminista: "Esse paralelo entre 'pretos' meio selvagens, sem encargos ou obrigações, mas com direito ao voto, e mulheres civilizadas, porém não eleitoras, demonstra

---

[32] Laurence Klejman e Florence Rochefort, *Le Féminisme, une utopie républicaine*, 1860–1914. Colóquio "Femmes et pouvoirs, xixe–xxe siècle". Disponível em: senat.fr/colloques/colloque_femmes_pouvoir/colloque_femmes_pouvoir5.html. A apresentação de Laurence Klejman e Florence Rochefort não aborda a atitude das feministas em relação ao racismo e ao colonialismo, dando assim continuidade a uma tradição dominante na pesquisa francesa: ignorar o papel da colônia no campo do político.

claramente que os homens conservam sua onipotência em face das mulheres com a finalidade única de explorar essas desfavorecidas". É preciso, portanto, "impedir que os franceses tratem as francesas como pretos".[33] Opor o obscurantismo às luzes é retomar a velha oposição entre civilizações, mas, acima de tudo, é simplesmente aceitar a *racialização do feminismo*. O universal dificilmente se sustenta.

As mulheres no colonialismo francês

Frantz Fanon descreve com estas palavras o papel que o colonialismo do século xx atribui às mulheres: "Em um primeiro nível, há uma retomada pura e simples da famosa fórmula: 'Ganhemos as mulheres, o resto virá por si'". Ele prossegue:

> A administração colonial pode então definir uma doutrina política precisa: "Se quisermos atingir a sociedade argelina em seu contexto, em suas faculdades de resistência, é preciso, antes de mais nada, conquistar as mulheres; é necessário buscar atrás do véu que as encobre e nas casas onde o homem as esconde". A situação das mulheres nativas será, então, colocada no centro da ação. A administração dominante quer defender solenemente a mulher humilhada, deixada de lado, enclausurada... Descreve-se o potencial imenso da mulher, infelizmente transformada pelo homem argelino em um objeto inerte, desvalorizado, até mesmo desumanizado. O comportamento do argelino é denunciado com vigor e comparado a resquícios medievais e bárbaros. Como uma

---

[33] Hubertine Auclert, "Les Femmes sont les nègres", in *Le Vote des femmes*. Paris: V. Giard & E. Brière, 1908, pp. 196–98.

ciência infinita, a disseminação de um discurso-modelo contra o argelino sádico e vampiro em sua atitude em face das mulheres é posta em prática e realizada com êxito. O ocupante reúne em torno da vida familiar do argelino todo um conjunto de julgamentos, apreciações e considerações, multiplica as anedotas e os exemplos morais, tentando assim aprisionar o argelino em um ciclo de culpabilidade.[34]

Essa ideologia alimenta o feminismo civilizatório do século XXI – representações negrofóbicas e orientalistas, ideias preconcebidas sobre "a" família oriental ou africana, sobre a mãe e o pai nessas famílias. A realidade social não tem lugar nessa ideologia, do contrário seria necessário analisar a catástrofe humana e econômica que as políticas republicanas engendraram nas colônias.[35] As tentativas de desvelamento das mulheres arge-

[34] Frantz Fanon, "L'Algérie se dévoile", in *Œuvres, L'An v de la Révolution algérienne*, op. cit., p. 275.
[35] Em 1945, diante da Assembleia Constituinte, Aimé Césaire pinta um quadro muito crítico dos séculos de colonização francesa: ausência de escolas, taxa de mortalidade alta, economia nas mãos de poucos... Em 1954, 10% da população, aí incluindo uma maioria de colonos, detinha 90% das riquezas do país; para 200 mil crianças europeias, havia 11 400 escolas, enquanto 1,25 milhão de crianças árabes e berberes contavam com 699 estabelecimentos. Nas vésperas da independência, nos anos 1950, apenas 4% das meninas em idade escolar iam à escola (10% das crianças argelinas e 97% das crianças europeias), mesmo que um "plano de escolarização" tivesse sido lançado pelo decreto de 27 de novembro de 1944. Os poucos centros de formação abertos de fato na ocasião do Centenário, em 1930, confinavam jovens e meninas às tarefas domésticas (cozinhar, passar) ou artesanais (tecer tapetes, bordar...) e apresentavam números simbólicos. Ver: Feriel Lalami, "L'Enjeu du statut des femmes durant la période coloniale en Algérie". *Nouvelles Questions Féministes*, n. 3, v. 27, 2008, pp. 16–27.

linas pelo Exército francês, a representação das combatentes argelinas como vítimas (seja do Exército, seja de seus irmãos combatentes, mas nunca como seres que escolhem livremente), a indiferença em relação ao modo como a colonialidade republicana oprime as mulheres dos territórios ultramarinos e as mulheres racializadas na França, a recusa em denunciar o capitalismo e a fé na modernidade europeia constituem o terreno sobre o qual o feminismo civilizatório se desenvolveu e obteve a atenção dos poderosos.

O medo gerado pela participação das mulheres nos movimentos de libertação nacional ocasiona uma mobilização de instituições internacionais, fundações e ideólogos que forjam discursos, desenvolvem práticas e chegam a recorrer à repressão. É assim que são difundidas as noções de desenvolvimento, de empoderamento das mulheres, bem como o discurso sobre "os direitos das mulheres". Esse discurso, que emerge como técnica feminista de disciplina no fim dos anos 1980 e é contemporâneo ao discurso do "fim da história" e do "fim das ideologias", será impulsionado por diversos acontecimentos no final do século xx e no início do xxi.

O feminismo desenvolvimentista

Desde os anos 1970, instituições internacionais e fundações norte-americanas voltam-se para a canalização e a orientação dos movimentos feministas. Essa foi uma década que viu entrar centenas de milhões de mulheres no trabalho assalariado. As transformações do capitalismo oferecem uma oportunidade decisiva para a explosão de baixos salários e para a precarização, sobretudo por meio da feminização, em escala mundial, dos empregos subqualificados nas zonas de abertura econômica e na economia informal. Durante essa década, os progressos observados na feminização dos empregos são acompanhados pelo aumento muito evidente das desigualdades no mundo. O conflito entre uma abordagem revolucionária da libertação das mulheres e uma abordagem antidiscriminatória, que visa às reformas na lei e à integração das mulheres no capitalismo, ganha, pois, intensidade. A abordagem revolucionária não rejeita a luta por reformas, mas denuncia o argumento que faz da entrada das mulheres no mundo do trabalho assalariado uma oportunidade de ganho de autonomia individual e defende a organização coletiva no local de trabalho. Para a abordagem antidiscriminatória, a independência é medida pela capacidade de acesso ao consumo e à autonomia individual (a imagem da mulher *corporate*, a moda dos terninhos que a acompanha...). Por fim, a década de 1970 é também a da implementação mundial das políticas antinatalistas voltadas às mulheres do Terceiro Mundo. Os Estados Unidos assumem a frente nessa questão, apoiando financeiramente políticas de controle da natalidade em suas comunidades racializadas e na América do Sul. Em um documento que por muito tempo permaneceu confidencial, a Agência de Segurança Nacional expõe claramente os motivos dessa política – muitos jovens vão querer imigrar, ameaçando, assim, a segurança do mundo livre –, que ela aconselha ser confiada à Agência Federal.[36] Na França, esterilização e abortos são incentivados pelo governo nos departamentos ultramarinos.[37]

---

36 *National Security Memorandum: Implications of Worldwide Population Growth for u.s. Security and Overseas Interests*, 10 dez. 1974.
37 Françoise Vergès, *Le Ventre des femmes*, op. cit.

No entanto, não são os Estados Unidos, nem seu governo, nem seu movimento feminista *mainstream* que elevam a questão dos direitos das mulheres ao plano internacional, mas a União Soviética e os países do Terceiro Mundo, que no início dos anos 1970 propõem que as Nações Unidas organizem uma "década da mulher". Essa década, lançada em 1975, tem por objetivo "assegurar às mulheres o acesso à propriedade privada e o controle de seus bens, assim como melhorar os direitos delas no que concerne à herança, à guarda dos filhos e à nacionalidade", afirmar que "o direito das mulheres é parte integrante dos direitos humanos" e "promover a igualdade entre os sexos e acabar com a violência contra as mulheres".[38] Mas esses objetivos modestos serão afastados para promover a entrada das mulheres na ordem neoliberal. No entanto, os governos dos Estados Unidos logo desconfiam dessa iniciativa – ainda é o controle da natalidade no Terceiro Mundo que os mobilizam. É apenas em 1979, com o presidente Carter, que o governo norte-americano anuncia que "o objetivo principal da política estrangeira dos Estados Unidos é promover o avanço no mundo do estatuto e da condição das mulheres".[39] Na França, a criação de uma Secretaria de Estado encarregada dos direitos das mulheres em 1974 assinala que a institucionalização do feminismo se tornou um objetivo. Os direitos das mulheres deveriam ser pouco a pouco esvaziados de seu alcance político. Porém, as coisas não se passam exatamente como o previsto nos quatro

---

[38] Disponível em: www.un.org/fr/sections/issues-depth/women/.
[39] Telegrama do Departamento de Estado a todos os postos diplomáticos e consulares. Sobre as políticas internacionais feministas dos anos 1970, ver Karen Garner, "Global Gender Policies in the Nineties", *Journal of Women's History*, n. 4, v. 24, 2012; Susan Watkins, "Which Feminisms?", *New Left Review*, n. 109, jan.-fev. 2018, pp. 5–72.

grandes encontros dessa década – México (1975), Copenhague (1980), Nairóbi (1985) e Beijing (1995).[40] Os governos incentivam a coleta de informações sobre as mulheres no Terceiro Mundo; é o começo de um movimento formidável de acúmulo de números e relatórios e de formação de especialistas em direitos das mulheres. Em Copenhague, diante de feministas ocidentais que insistem em denunciar a clitorectomia, a infibulação de órgãos genitais e outras violações dos direitos humanos, feministas de países árabes e da África Subsaariana denunciam os qualificativos "costumes selvagens" ou "culturas atrasadas", que denotam a vontade de ocidentalizar as lutas das mulheres. Em Nairóbi, a questão da Palestina revela abertamente uma oposição entre um feminismo decolonial e um feminismo que não quer entrar em confronto com a colonialidade, mas a questão das discriminações acaba ocupando o centro da cena. Em Beijing, é o retorno à ordem que prevalece. O fórum alternativo onde se abarrotam milhares de mulheres fica distante do centro da cidade, seus equipamentos são completamente inadequados, mas, para o encontro oficial, tudo é arranjado de modo que pareça uma assembleia de dignatários. As negociações do governo são feitas a portas fechadas.[41] A máquina do

[40] Os trabalhos de Jules Falquet sobre a década da mulher, sobre as políticas internacionais de gênero e as consequências das políticas de desenvolvimento para as mulheres do Sul são muito esclarecedores. Ver: "Penser la mondialisation dans une perspective féministe", *Travail, Genre, Société*, n. 1, 2011, pp. 81–98; *De gré ou de force: Les femmes dans la mondialisation*. Paris: La Dispute, 2008; "L'ONU: Alliée des femmes? Une analyse féministe du système des organisations internationales". *Multitudes*, n. 11, v. 1, 2003, pp. 179–91.

[41] Ver: Jules Falquet, "L'ONU: Alliée des femmes?", op. cit.; Greta Hofman Nemiroff, "Maintenant que les clameurs se sont tues, le jeu en valait-il la chandelle?" in *Recherches Féministes*, n. 2, v. 8, 1995, pp. 159–70.

feminismo civilizatório vai se construindo enquanto a situação das mulheres no mundo piora. No discurso de encerramento desse encontro em Pequim, Hillary Clinton declara que os direitos das mulheres são direitos humanos, mas são pensados de acordo com a mais pura narrativa ocidental. Enquanto os movimentos de independência davam destaque ao fim da exploração dos recursos do Sul, denunciavam uma organização da informação dominada pelo Ocidente e defendiam sua concepção de saúde, educação e direitos das mulheres, essas vozes eram marginalizadas em favor de um discurso que não questiona as estruturas do capitalismo e que transforma as mulheres em um sujeito social homogêneo. Durante todos esses anos, os países do Terceiro Mundo, que tentavam dar aos direitos das mulheres um conteúdo decolonial, são submetidos aos programas de ajuste estrutural. O Fundo Monetário Internacional (FMI) e o Banco Mundial se apropriam dos direitos das mulheres e, no fim dos anos 1970, a fórmula de empoderamento das mulheres (capacidade de agir das mulheres) é adotada pelo mundo político da direita à esquerda e por ONGs de feministas do Norte. Para o Banco Mundial, a capacidade de agir das mulheres é o correlato das políticas de desenvolvimento e de uma política de redução das taxas de natalidade.[42] Para os países da

---

[42] Entre as muitas obras consagradas à reorganização do trabalho feminino racializado nos anos 1970 e desde então, ver: Ester Boserup, *Women's Role in Economic Development*. New York: St Martin's Press, 1970; Jules Falquet, *Pax Neoliberalia. Perspectives féministes sur (la réorganisation de) la violence*. Donnemarie-Dontilly: Éditions iXe, 2016; Laurent Fraisse, Isabelle Guérin e Madeleine Hersent, *Femmes, économie et développement. De La Résistance à la justice sociale*. Paris: IRD/Ères, 2011; Rhacel Salazar Parrenas, *Servants of Globalization: Women, Migration and Domestic Work*. Stanford: Stanford University Press, 2001; Pun Ngia, *Made in China: Women Factory Workers in a Global Workforce*. Durham:

Otan, os direitos das mulheres se assemelham a seus valores e interesses nacionais.[43]

O feminismo civilizatório dos anos 1980 é herdeiro dessas molduras ideológicas. Na realidade, ele contribuiu para sua implementação e seu conteúdo. Os programas de ajuste estrutural que prometem desenvolvimento e autonomia adquiriram feição feminina. Então, muito rapidamente, esse álibi foi mobilizado durante as campanhas imperialistas.

Se o feminismo como missão civilizatória não é uma novidade – ele serviu ao colonialismo –, doravante ele dispõe de meios de difusão excepcionais: assembleias internacionais, apoio de Estados ocidentais e pós-coloniais, de mídias femininas, de revistas de economia, de instituições governamentais e internacionais, de fundações e de ONGS. As instituições internacionais de auxílio ao desenvolvimento fazem das mulheres o alicerce do desenvolvimento no Sul global e logo afirmam que elas são melhores gestoras do dinheiro que lhes foi confiado do

---

Duke University Press, 2005; "Gender Alternatives in African Development: Theories, Methods and Evidence". Disponível em: www.codesria.org/spip.php?article362&lang=en. Sobre o conceito *empowerment*, ver Melinda Gates, *The Moment of Lift: How Empowering Women Changes the World*. New York: Flatiron Books, 2019.

43 Ver: *Femme, pax et sécurité. Politique et plan d'action* 2018. Disponível em: nato.int/nato_static_fl2014/assets/pdf/pdf_2018_09/20181217_180920-wps-Action-Plan-2018-fr.pdf. A Otan indica a implementação "do lado militar, de um conselheiro para as questões de gênero do Estado-Maior Militar Internacional e um comitê consultivo de especialistas (Comitê Otan para as questões de gênero), encarregados de promover a integração das questões de gênero na concepção, na implementação, no monitoramento e na avaliação das políticas, dos programas e das operações militares"; "L'Otan doit devenir un protecteur majeur des droits des femmes". *Tribune de Genève*, 12 dez. 2017.

que os homens,[44] que elas sabem economizar e que respeitam mais as restrições dos programas. Elas são boas clientes, portanto, são as mulheres que vão mudar o mundo. As mulheres do Sul se tornam a cada ano depositárias de centenas de projetos de desenvolvimento – ateliês e cooperativas onde a produção de produtos locais, a tecelagem, o artesanato e a costura são valorizados. As mulheres do Norte são encorajadas a apoiar suas irmãs do Sul comprando seus produtos ou abrindo lojas

[44] As grandes instituições internacionais adotaram políticas que privilegiam as mulheres e que insistem na igualdade de gênero. O Banco Mundial e o Fundo Monetário Internacional difundiram amplamente o argumento da maior responsabilidade das mulheres nos anos 1980–1990 para colocá-lo a serviço de suas políticas de desenvolvimento e microcrédito, desconsiderando as políticas que levaram os homens ao desemprego, destituíram laços comunitários, reforçaram a violência sistêmica e o individualismo, atribuindo às mulheres a responsabilidade de cuidar da sociedade. Sobre esse tema, o artigo "Empowering Women is Smart Economics" ["Empoderar as mulheres é fazer uma economia inteligente"], de Ana Revenga e Sudhir Shetty, é bastante esclarecedor. Demonstra ao FMI todos os benefícios que a entrada das mulheres no mundo dos negócios e do trabalho proporciona à economia capitalista (in *Finance & Development*, mar. 2012. Disponível em: imf.org/external/pubs/ft/fandd/2012/03/revenga.htm); o relatório do FMI de 2014 "Gender at Work: A Companion to the World Development Report on Jobs" ["O gênero no trabalho: Um guia do relatório de desenvolvimento mundial do trabalho"] descrevia os obstáculos à entrada das mulheres no mercado de trabalho e as discriminações salariais das quais elas eram vítimas, insistindo na desigualdade de gênero. Em 2018, Kristalina Georgieva, diretora-executiva do Banco Mundial, declarava: "Nenhuma economia pode atingir seu pleno potencial econômico sem a participação total e plena de homens e mulheres"; no mesmo ano, o Instituto da Francofonia para o Desenvolvimento Sustentável, órgão subsidiário da Organização Internacional da Francofonia (OIF), destacava o papel essencial das mulheres no desenvolvimento. Disponível em: mediaterre.org/actu,20180306233944,13.html.

para vendê-los, lançando-se na organização de programas que visam reforçar sua autonomia, seu empoderamento, ou ensinando-lhes a gestão... Não se pode negar que as mulheres do Sul se beneficiam disso, podendo colocar seus filhos na escola, sair da miséria, mas acontece também que esses projetos não acarretam retorno algum: eles reforçam o narcisismo das mulheres brancas, tão felizes em poder "ajudar" desde que isso não mexa com suas vidas. Para a feminista Jules Falquet, "o empoderamento das mulheres" é introduzido para responder à feminização da pobreza; em outras palavras, para completar as políticas de pacificação e de ordem.[45] Para ilustrar essa influência do vocabulário das ONGs, lembro-me de que, em março de 2018, no nordeste da Índia, assisti a uma reunião de uma centena de mulheres das tribos de Nagaland, região ocupada pelo Exército indiano. Essas mulheres enfrentam a violência do Exército e dos traficantes, os estupros, os altos índices de alcoolismo e suicídio nos jovens. É com grande dificuldade que mantêm suas comunidades. Porém, para falar de suas ações, elas utilizam sistematicamente o vocabulário das ONGs: *empowerment, capacity building, leadership, governance.*[46] De certa

---

[45] Jules Falquet, "Genre et développement: Une analyse critique des politiques des institutions internationales depuis la Conférence de Pékin", in Fenneke Reysoo e Christine Verschuur, *On M'Appelle à régner: Mondialisation, pouvoirs et rapports de genre.* Genebra: IUE, 2003, pp. 59–90.
[46] Em francês, essas palavras perdem seu poder de evocação: em *empowerment* há poder, mas sem um sujeito individual; *capacity building* recorre à psicologia, aos métodos do *self help*, à confiança em si como mola propulsora de mudança; *governance* é uma noção utilizada por instituições internacionais como o FMI para não reconhecer a importância da perda de poder dos governos do Sul e fazer de um "bom governo", aquele que é livre de corrupção e que aceita as leis da democracia ocidental, a solução para as desigualdades.

forma, elas tinham perdido suas vozes e se tornaram depositárias da linguagem das ONGs. Foi a partir da crítica feminista da ideologia do cuidado que vislumbrei como sugerir uma crítica a essa "língua". Eu as fiz observar que as ONGs as condenavam a limpar e reparar infinitamente os cacos das vidas estilhaçadas de suas comunidades, mas sem atribuir a responsabilidade aos verdadeiros responsáveis. Por que não reservar um tempo para compreender quem as despedaçou e como essas sociedades foram deterioradas? Quem era o responsável pelo desespero dos jovens? Quem eram os responsáveis pelos estupros, pelas prisões arbitrárias? Essas mulheres tinham as respostas de todas essas perguntas, contudo suas análises eram camufladas pelo discurso despolitizante de ONGs que, certamente, deviam sofrer a censura do governo, mas a perpetuavam ao aceitá-la. Ao adotar uma teoria do gênero que mascara as relações de força e as escolhas políticas, as ONGs se adaptaram à via estreita que o governo indiano impõe nessa região. Mais uma vez, não se trata de fazer uma crítica simplista dessas políticas, e sim de continuar estudando como não apenas elas despolitizam, mas também contribuem, às vezes, para a criação de novas opressões. É preciso acrescentar a essa panóplia extremamente diversa técnicas de pacificação como o *girl's power* (as mulheres permanecem *girls*), séries televisas, filmes... Muitas dessas séries, filmes ou artigos têm qualidade (eu assisto a eles com prazer) e não discordo de que possam representar importantes contramodelos para meninas, moças e mulheres, entretanto a difusão massiva pelas novas mídias de histórias individuais perpetua a ilusão de que qualquer uma pode realizar seu sonho, basta não ter medo de contestar certas normas. São narrativas que frequentemente se baseiam em uma psicologização das discriminações. A luta raramente é coletiva, a crueldade e a brutalidade das estruturas do poder raramente são mostradas de modo explícito. As heroínas lidam com indivíduos que ultrapassam seu poder, mas aquilo que perfaz a estrutura, aquilo que repousa sobre os mecanismos de dominação e de exploração há muito tempo elaborados, que tem à sua disposição a polícia, o Exército, o tribunal e o Estado, pouco é evocado. O que é preciso de coragem, de esforço cotidiano e de organização coletiva para dobrar as estruturas não é evidenciado.

As décadas de 1970–1990 veem, então, o desenvolvimento de ofensivas cujo objetivo é combater e enfraquecer os feminismos de política decolonial. O feminismo deve permanecer sensato, não mais ser comparado às "militudas", "histéricas", "anti-homens", "sapatões" e "malcomidas" dos anos 1970. A ancoragem na Europa do "verdadeiro" feminismo e dos direitos das mulheres é reafirmada em inúmeras ocasiões, e a hostilidade aos/às muçulmanos/as e aos/às migrantes oferece a esse feminismo uma oportunidade de manifestar sua adesão aos valores europeus.

2

A EVOLUÇÃO PARA UM FEMINISMO CIVILIZATÓRIO DO SÉCULO XXI

Laicidade querida

Em 27 de novembro de 1989, aparece na imprensa francesa um artigo de opinião intitulado "Em defesa da laicidade. Pela dignidade das mulheres", assinado pela associação Choisir (cuja presidente é Gisèle Halimi), pelo Clube dos Iguais e pela France Plus, convocando para um encontro na Mutualité. O artigo defende o "Manifesto lançado aos professores", escrito por Élisabeth Badinter, Régis Debray, Alain Finkielkraut, Élisabeth de Fontenay e Catherine Kintzler, publicado no dia 2 de novembro do mesmo ano, dirigindo-se politicamente a Lionel Jospin, o então ministro da Educação Nacional: "Tolerar o véu islâmico não é acolher um ser livre (no caso, uma jovem); é abrir a porta àqueles que decidiram, de uma vez por todas e sem discussão, que ela deveria baixar a cabeça. Em vez de oferecer a essa jovem um espaço de liberdade, você ensina a ela que não há diferença entre a escola e a casa de seu pai. Ao autorizar *de facto* o véu islâmico, símbolo da submissão feminina, você dá carta branca aos pais e irmãos, isto é, ao patriarcado mais rígido do planeta. Em último caso, não é mais o respeito à igualdade dos sexos e ao livre-arbítrio que prevalece na França".[1] O apelo da as-

---

[1] Élisabeth Badinter et al., "Foulard islamique: Profs, ne capitulons pas!" ["Véu islâmico: Professores, não vamos nos render!"]. *Le Nouvel*

sociação Choisir retoma o argumento do manifesto sobre o confinamento das mulheres muçulmanas e do véu como seu símbolo: "Para as mulheres, o véu continua sendo o símbolo de seu confinamento e da Lei que as mantém em condições de inferioridade e submissão ao homem".[2] Entre as mulheres signatárias do apelo em defesa da laicidade, encontramos Lucie Aubrac, membro da resistência, a jornalista Madeleine Chapsal, a diretora Ariane Mnouchkine, as escritoras Victoria Thérame e Benoîte Groult, e a feminista Anne Zelenski, além de organizações como o Licra (Liga Internacional contra o Racismo e o Antissemitismo), a Liga de Direito Internacional das Mulheres, a Associação de Mulheres Jornalistas e o Movimento Francês para o Planejamento Familiar – uma coalizão feminista, por assim dizer. A escolha de um espaço tão simbólico como a Mutualité (lugar importante das manifestações feministas ou da extrema esquerda anti-imperialista na década de 1970) é irônica. Mas também devemos vê-lo como expressão do movimento que então se anuncia e que, ao se apropriar de noções, lugares de memória e figuras históricas de lutas pela emancipação, empreende um trabalho de pacificação. Uma declaração de guerra foi lançada contra as mulheres racializadas, visando especialmente as mulheres muçulmanas no encontro em novembro de 1989. Essa ofensiva, iniciada há quase trinta anos e designando então abertamente seu inimigo, o Islã, continua sendo relevante. Em uma carta, as dirigentes da

Observateur, 2 nov. 1989. Disponível em: laicite-republique.org/foulard-islamique-profs-ne-capitulons-pas-le-nouvel-observateur-2-nov-89.html. A carta começa com as seguintes palavras: "O futuro dirá se o ano do Bicentenário viu a Munique da escola republicana. Você diz que é bom acalmar os ânimos sem fazer o jogo dos fanáticos. Você teria salvado a paz escolar e a paz social fazendo algumas concessões".
2 Arquivos da Biblioteca Marguerite Durand, consultados em mar. 2018.

Liga do Direito Internacional das Mulheres, fundada por Simone de Beauvoir (sob o nome de Liga dos Direitos das Mulheres), se inquietam a respeito de uma esquerda que não percebe que "o ensino corânico é combinado a práticas medievais, como o casamento forçado de meninas muito jovens, que às vezes nem sequer atingiram a puberdade, com homens velhos".[3]

Assim, os textos da Liga do Direito Internacional das Mulheres são dos mais virulentos, misturando a denúncia do Alcorão com a do véu, a da mutilação genital com o casamento de jovens meninas.[4] Os argumentos demonstram a persistência de um orientalismo, a convicção de que "na nossa casa" (na França) "a mulher é igual ao homem" e que, consequentemente, como proclamou a deputada Louise Moreau durante os debates de novembro de 1989 na Assembleia Nacional, o véu é "um problema político fundamental que afeta a condição das mulheres, nossa identidade nacional e o próprio futuro de nossa comunidade nacional".[5] O bicentenário da Revolução Francesa, ironicamente, abriu caminho para um integrismo laico marcado por um orientalismo. Todos os "elementos da linguagem" (para falar como aqueles que nos governam) do feminismo civilizatório são então postos em prática: de um lado, o Islã, que impõe submissão ao homem e o poder absoluto do pai e dos irmãos; de outro, uma igualdade de gênero inerente à cultura europeia e à escola laica emancipadora. O patriarcado não é mais um termo associado a

---

[3] *Carta ao Partido Verde* [*Lettre aux verts*], 30 out. 1989. Arquivos Anne Zelinski, Biblioteca Marguerite Durand, consultados em mar. 2018.

[4] Liga do Direito Internacional das Mulheres, 8 out. 1989, 15 out. 1989, 6 nov. 1989. Arquivos Anne Zelinski, Biblioteca Marguerite Durand, consultados em mar. 2018.

[5] *Journal officiel*, Debates da Assembleia Nacional, n. 86, 9 nov. 1989 (temas atuais no governo).

uma forma global de dominação masculina (portanto, também europeia); ele é consubstancial ao Islã. As feministas europeias se veem não apenas como a vanguarda do movimento pelos direitos das mulheres, mas também como aquelas que garantem que eles existam. Elas se apresentam como a última linha de frente a conter um ataque que viria do Sul e ameaçaria todas as mulheres. Naquela época, ninguém entendia ainda a dimensão que esse discurso tomaria, nem que se tornaria um ponto de convergência entre forças políticas *a priori* hostis entre si.

Uma ofensiva mundial contra os Suis e seus sujeitos de gênero feminino

O que surge na França com a reunião de novembro de 1989 faz parte da vasta contraofensiva mundial que se dá no âmbito de um sistema que abrange os interesses econômicos do capitalismo, programas de ajuste estrutural, realocação e desindustrialização, políticas de controle de natalidade, reconfiguração do mundo após a primeira crise do petróleo em 1973, a derrota dos Estados Unidos no Vietnã em 1975 e a queda do muro de Berlim em novembro de 1989. Em 1989, a França celebra o bicentenário da Revolução Francesa e recebe o encontro dos sete países mais ricos, o G7: essas cerimônias apresentam o espetáculo de uma globalização feliz e, no contexto de um revisionismo ideológico que teve como porta-voz o historiador François Furet, os direitos humanos vêm substituir as demandas por justiça, liberdade e igualdade. A grande parada realizada na Champs-Élysées, intitulada La Marseillaise, mobiliza 6 mil artistas e figurantes para encenar doze quadros vivos, cada um apresentando uma "tribo planetária" identificada por um signo "cultural": africanos dançando seminus ao som de instrumentos de percussão, ingleses sob uma chuva artificial, soviéticos marchando sob uma neve de papel lançada por um caminhão, mulheres vestidas de crinolina levando nos braços crianças de todos os países... Ao mesmo tempo, um evento é organizado pela Liga Internacional pelos Direitos e pela Libertação dos Povos (que organiza o Tribunal Permanente dos Povos), na Mutualité – e é completamente ofuscado pelas celebrações do G7. O encontro da Primeira Cúpula dos Sete Povos Mais Pobres ocorre em consonância com a Declaração Universal dos Direitos dos Povos adotada em Argel em 1976; em 1989, o objetivo é pedir a anulação da dívida do Terceiro Mundo. A Declaração Final, adotada após 14 de julho de 1989, destina-se aos chefes de Estado do G7. Ela afirma: "É por isso que, baseando-nos na Declaração Universal dos Direitos dos Povos, proclamada em 4 de julho de 1976 em Argel, declaramos solenemente que estamos contestando os 'Grandes' da terra quanto ao direito de confiscar hoje a mensagem da Revolução Francesa. Neste dia em que se celebra a liberdade, consideramos hipócrita e até suicida falar de justiça e bem-estar quando o mundo afunda na desigualdade e os povos são marginalizados em massa [...]. Denunciamos o monopólio de tomada de decisão por parte dos ricos, em princípio por sua natureza antidemocrática, mas também por suas consequências concretas. Os ricos querem que o sistema se reestabeleça, que o lucro seja restaurado; eles forçam os pobres a não atrapalhar essa 'retomada', mesmo que ela agrave a desigualdade; eles afirmam que os mais pobres também terão vantagens no longo prazo, como consequência do êxito dos mais fortes".[6] Dois discursos e dois

---

6 Timothée Duverger, "Le TOES 89: L'Économie alternative et l'altermondialisme". *Hypotheses*, 9 ago. 2014. Disponível em: ess.hypotheses.org/128.

objetivos se chocam: um promete uma globalização feliz e um encontro harmonioso das "tribos" do planeta sob a égide dos direitos humanos, o outro promete levar adiante o combate contra o eixo Norte–Sul, contra a exploração das riquezas do Sul para o bem-estar do Norte e a favor dos direitos que garantem o acesso à saúde, à educação e à terra. Para um deles, as celebrações da Revolução Francesa devem ajudar a enterrar definitivamente o que nela pode haver de radical; para o outro, os ideais revolucionários continuam a ser atuais. Toda uma esquerda europeia e, com ela, o feminismo civilizatório, vem sendo absorvida pela agenda humanitário-liberal. Esse feminismo vê nisso uma oportunidade de finalmente ser admitido nas esferas do poder. A luta agora é cultural, e o inimigo oportuno, o Islã. A configuração global confere ao feminismo civilizatório o ímpeto para acompanhar a contraofensiva e dar um caráter neoliberal aos direitos das mulheres.

O engajamento das mulheres na missão civilizatória na era liberal

Um mês antes, em 24 de outubro de 1989, o Movimento Francês pelo Planejamento Familiar (MFPF) publicou um texto no qual o véu é descrito como "símbolo religioso" e "sobretudo signo de discriminação de gênero e símbolo de submissão". Na década de 1970, grupos de mulheres e feministas haviam desenvolvido temáticas fortemente emancipatórias, apesar de todos os seus limites: a denúncia do autoritarismo religioso, mas não da religião em si, a análise das fontes de discriminação e dos mecanismos que estruturam a submissão das mulheres à ordem heteropatriarcal, as ligações entre Estado, capital e sexismo.

Após a queda do Muro, essas elaborações são caricaturadas e reduzidas a encantamentos sobre a laicidade, os perigos do véu, a opressão vinda dos irmãos e pais muçulmanos etc. Com essa regressão, o feminismo civilizatório encontra um lugar na Nova Ordem Mundial. Essa transformação do feminismo constitui um sintoma do "fim da história".

A missão feminista civilizatória é clara: as mulheres europeias estão fazendo uma cruzada contra a discriminação sexista e os símbolos de submissão que persistem em sociedades de fora da Europa Ocidental; elas se apresentam como o Exército que protege o continente da invasão de ideias, de práticas, de mulheres e homens que ameaçam suas conquistas. A narrativa é obviamente falsa. Elas tiveram que despolitizar as lutas das mulheres na década de 1970, rejeitar as lutas das mulheres no Terceiro Mundo, apagar a contribuição do feminismo negro. A liberdade individual – vestir-se como eu quero (exceto usar o véu) – tornou-se o símbolo das lutas da década de 1970; é obviamente um insulto às lutas de mulheres trabalhadoras, imigrantes, refugiadas políticas. A luta do feminismo civilizatório se torna uma luta universal do bem contra o mal. O MFPF continua: "Pedimos clareza de visão a nossas irmãs muçulmanas, que sabemos ser tão corajosas, dotadas de uma coragem tantas vezes expressa por adolescentes e jovens divididas entre a necessidade de se libertar do jugo masculino e o desejo de continuar fazendo parte de sua comunidade cultural".[7] Essa declaração retrata a colonialidade inerente a uma sororidade que, além de naturalizar uma cultura, toma o lugar de irmã mais velha, uma postura que lembra o "fraternalismo" da esquerda comunista francesa denunciado por Aimé Césaire em

---

[7] Arquivos da Biblioteca Marguerite Durand, consultados em fev. 2018.

sua carta de demissão a Maurice Thorez em 1956 – irmão, certamente, mas não grande irmão. A submissão milenar das mulheres muçulmanas, a laicidade como princípio da liberdade das mulheres, o Islã como camisa de força comunitária, a "cultura muçulmana" ou o "islâmico" como o inimigo de meninas e jovens mulheres, as mulheres muçulmanas como potenciais aliadas e cúmplices da missão civilizatória feminista se tornam ideologias amplamente adotadas pelos movimentos feministas, pelo mundo da economia, pela extrema direita e pelos Estados.

O encontro de novembro traz argumentos para debates realizados ao mesmo tempo na Assembleia Nacional francesa sobre o uso do véu nas escolas. Michèle Barzach, deputada de direita de Paris, que viria a se tornar ministra da Saúde (1986–1988), retoma-os, fiel à política colonial definida por Fanon: "Ganhemos as mulheres, e o resto virá por si". "Somente as mulheres serão capazes de permitir a integração da população muçulmana, pois são elas que rompem as barreiras da tradição e se livram do peso dos abusos dessa tradição quando eles existem",[8] declarou ela. Esse argumento foi imediatamente retomado por Michèle André, secretária de Estado dos Direitos da Mulher no governo socialista de Michel Rocard, que denunciou na mesma sentença o casamento forçado, a mutilação genital e a submissão de adolescentes "de doze a quinze anos" à "lei dos pais e dos irmãos".[9] A lei dos pais e dos irmãos (as mães não existem, ou existem apenas como figuras silenciosas, sujeitas à lei dos maridos e filhos) é naturalizada como fato cultural. Os homens muçulmanos seriam mais duros, mais cruéis, mais dominadores do

---

[8] Debates reproduzidos na *Actualités Migrations*, n. 300, 30 out.-12 nov. 1989, p. 10.
[9] Ibid., p. 10.

que qualquer outro homem. Mede-se a integração das mulheres muçulmanas nas chamadas sociedades ocidentais ditas democráticas, portanto, pelo quanto aceitam se distanciar de sua família e comunidade, além de participar de sua estigmatização. É uma virada ideológica. Desde o início dos anos 1990, o Banco Mundial defende o microcrédito para as mulheres, enquanto, para as instâncias internacionais, o controle de natalidade no Sul continuava sendo central. A Conferência de População do Cairo de 1994 endossou essas duas práticas, e o microcrédito se tornou a solução universal para a pobreza das mulheres (causada por ajustes estruturais). Muhammad Yunus, "pai" do microcrédito, "banqueiro dos pobres", recebeu o Prêmio Nobel da Paz em 2006.[10] Sua "obra" suscita uma campanha mundial de fortalecimento da capacidade de ação das mulheres por meio de empréstimos bancários. As mulheres do Sul global passam a ser consideradas presas fáceis para as políticas de desenvolvimento.

Essas campanhas, que fazem parte de uma ofensiva ideológica contra a longa história das lutas anticoloniais, são iniciativa de uma esquerda que as apoiou (mas muitas vezes tardia e timidamente). Aos olhos de uma parte da esquerda francesa, a guerra pela independência da Argélia seria um capítulo glorioso de sua história. A mesma perspectiva, porém, lamentaria prontamente que os argelinos, por não terem adotado a democracia europeia, teriam inevitavelmente condenado as mulheres ao confinamento. Isso valeria, de acordo com essa esquerda, para todas as lutas de libertação no Sul; elas não teriam conseguido libertar as mulheres. As feministas foram as primeiras a apontar esse fracasso, muitas vezes se baseando em depoi-

---

[10] Posteriormente, em 2011, Muhammad Yunus seria preso por desvio de recursos.

mentos de mulheres do Sul. Mas a operação que consistia em questionar estritamente o patriarcado tradicional do Sul em contraposição a um patriarcado moderno do Norte infligiu essa crítica e lhe deu um sentido civilizatório. Todo o trabalho do feminismo hegemônico, portanto, consistiu em demonstrar que essa situação era resultado de um anticolonialismo ingênuo. A ideia de uma superioridade europeia recuperou assim seu lugar, e o argumento de que a independência "mandou as mulheres de volta para a cozinha" tornou-se habitual. Qualquer crítica a essa posição era equiparada a um "relativismo cultural". No entanto, bastava ler as críticas feministas decoloniais sobre as posições dos governos pós-coloniais para entender o significado de uma análise feminista.[11]

No início dos anos 2000, o feminismo civilizatório na França, já institucionalizado, permanece focado na discriminação de gênero. Se esse feminismo convém às mulheres que atingiram cargos gerenciais, o Instituto Nacional de Estatística e de Estudos Econômicos (Insee) ressalta que "o desenvolvimento desses postos de prestação de serviços, antes comumente reservados à esfera doméstica, tem além disso servido como condição de acesso das mulheres a posições mais qualificadas, ampliando as possibilidades de cuidar de crianças, de fazer refeições fora

---

[11] Ver, por exemplo, Lila Abu-Lughod, *Do Muslim Women Need Saving?* Cambridge: Harvard University Press, 2013; Chandra Talpade Mohanty, *Feminism Without Borders: Decolonizing Theory, Practicing Solidarity.* Durham: Duke University Press, 2003; Mwasi (coletivo), *AfroFem.* Paris: Syllepse, 2018; Raquel Rosario Sanchez, "S'Il existe quelque chose comme le 'féminisme blanc', l'idéologie de l'identité de genre en est vraiment l'incarnation parfaite". *Tradfem*, 26 jul. 2017. Disponível em: tradfem.wordpress.com/2017/08/01/sil-existe-quelque-chose-comme-le-%E2%80%89feminisme-blanc%E2%80%89-lideologie-de-lidentite-de-genre-en-est-vraiment-lincarnation-parfaite/.

de casa... Mesmo com a diminuição gradual das desigualdades de gênero, vão surgindo novas formas de desigualdade entre as mulheres: por um lado, há mulheres com uma carreira interessante e bem remunerada, capazes de conciliar o modelo masculino de sucesso profissional com a vida familiar e as restrições domésticas; por outro, há aquelas que se ocupam de empregos precários, de trabalhos em tempo parcial involuntários, recebendo salários baixos, desprovidas de ajuda na esfera doméstica".[12] Colocar o foco na questão do véu evita ter de enfrentar essa contradição. Em 2004, o Parlamento francês aprovou a lei contra o véu islâmico nas escolas. Na sequência, mais e mais governos europeus adotaram medidas e leis direcionadas às mulheres muçulmanas. A ofensiva contra os feminismos da política decolonial continua. Na Europa, as ativistas decoloniais são insultadas, ameaçadas, arrastadas para julgamento; acusações de racismo "antibranco" e antissemitismo são lançadas para facilitar a censura dos movimentos decoloniais e das vozes de feministas afro ou muçulmanas. Em duas décadas, os objetivos da missão civilizatória feminista lançada em 1989 em Paris vieram a coincidir com os dos governos; a cruzada europeia contra o Islã ratifica a defesa dos direitos das mulheres.

Admite-se que as mulheres racializadas estejam ao lado das feministas civilizatórias, mas apenas se demonstrarem aderir à interpretação ocidental dos direitos das mulheres. Aos olhos de sua ideologia, as feministas do Sul global permanecem inassimiláveis, pois demonstram uma impossibilidade de superar as contradições produzidas pelo imperialismo e pelo capitalismo em termos de integração, paridade e diversidade. O feminismo contrarrevolucionário assume a forma de um femona-

---

[12] Disponível em: insee.fr/fr/statistiques/1283207#titre-bloc-1.

cionalismo, de um femoimperialismo, de um femofascismo ou feminismo de mercado.[13] Esses feminismos, que nem sempre têm os mesmos argumentos e representações, encontram um ponto de convergência: eles aderem a uma missão civilizatória que divide o mundo entre culturas abertas à igualdade das mulheres e culturas hostis à igualdade das mulheres.

Após a mídia apresentar o que houve na estação central de Colônia em 31 de dezembro de 2015 como um ataque sexista ditado pela cultura e pela religião muçulmanas contra as mulheres brancas, Alice Schwarzer, grande figura do feminismo alemão dos anos 1970, amiga de Simone de Beauvoir, declarou que o antirracismo passou a prevalecer sobre o antissexismo a partir daquele momento.[14] Ela denuncia uma "espécie de 'amor pavloviano pelo estrangeiro', que na realidade é apenas o outro lado do ódio aos estrangeiros", e afirma: "Não queremos perder nossos direitos conquistados com tanto esforço!". Para Schwarzer, são os muçulmanos que ameaçam as conquistas feministas. No entanto, nem as ameaças às leis que tratam de aborto e contracepção, nem a exploração de mulheres racializadas e migrantes, nem a sistematização do trabalho em tempo parcial mal remunerado e subqualificado para mulheres na Europa são obras de muçulmanos. Schwarzer não hesita em recorrer à lembrança de um evento traumático na Alemanha (o estupro de mulheres alemãs por soldados soviéticos, ainda que perpetrados com a mesma ferocidade por soldados americanos), quando afirma: "Pela primeira vez desde a Segunda Guerra Mundial, mulheres foram vítimas

[13] Andi Zeisler, *We Were Feminists Once: From Riot Girl to CoverGirl, the Buying and Selling of a Political Movement*. New York: Public Affairs, 2016.
[14] Anne Rosencher, "Alice Schwarzer: Aujourd'hui l'antiracisme prime sur l'antisexisme", *Marianne*, 31 mar. 2016. Disponível em: marianne.net/societe/alice-schwarzer-aujourdhui-lantiracisme-prime-sur-lantisexisme.

de violência sexual em massa e organizada no coração da Europa".[15] Em outras palavras, os homens muçulmanos de 2015 são herdeiros de soldados soviéticos vindos de um Oriente selvagem e brutal. Hoje os "islamitas" são aqueles considerados culpados pelos estupros, são eles que "sentem prazer em transformar o fato de estarem frustrados e desempregados em um sentimento de superioridade em relação a quem é 'infiel', são eles que sentem prazer em humilhar mulheres".[16] Em uma entrevista, Schwarzer mostra como o argumento das feministas civilizatórias francesas quanto ao véu está na base da nova missão civilizatória, ao afirmar que "o véu é a bandeira e o símbolo dos islamitas" que estão "levando adiante uma cruzada pela Europa desde os anos 1980".[17] Com razão, Khola Maryam Hübsch chamou a atenção para a islamofobia de Schwarzer, seu chauvinismo cultural e a proximidade de seus pontos de vista com os da extrema direita.[18]

Inclusão liberal

O capitalismo não hesita em adotar o feminismo corporativo (aquele que exige que as pessoas se integrem a seu mundo) ou o discurso dos direitos das mulheres segundo o qual as desigualdades entre homens e mulheres são uma questão de mentalidade,

---

[15] Ibid.
[16] Alice Schwarzer, "The Perpetrators on NYE in Cologne Were Islamists", *DW*, 15 maio 2016. Disponível em: dw.com/en/alice-schwarzer-the-perpetrators-on-nye-in-cologne-were-islamists/a-19251564.
[17] Ibid.
[18] Khola Maryam Hübsch, "Curious Bedfellows", traduzido do alemão por Jennifer Taylor. *Qantara.de*, 19 maio 2016. Disponível em: en.qantara.de/node/23801.

de falta de educação, e não de estruturas opressivas. Não que a transformação de mentalidade e uma educação antirracista e antissexista sejam questões a se negligenciar, longe disso. No entanto, devemos chamar a atenção para a insistência em não se admitir que estamos falando de estruturas, que o capitalismo racial desmorona sem o racismo, e com ele um mundo inteiro construído sobre a invisibilização, a exploração e a expropriação.

Essa ideia de que o mundo se transformaria se mudássemos de mentalidade, se aprendêssemos a aceitar as diferenças, baseia-se em uma concepção idealista das relações sociais. Mas essa ideia é sedutora porque nos impede de agir em relação a essas estruturas. Isso explica o sucesso mundial de *Sejamos todos feministas*, de Chimamanda Ngozi Adichie.[19] O livro propõe um feminismo inclusivo para o século XXI, mostrando que a divisão de gênero entre mulheres/homens também tem efeito sobre os homens. As normas da masculinidade heteronormativa são realmente restritivas; tornar-se homem muitas vezes significa ter de se submeter a uma série de injunções contraditórias e repressivas com relação a sentimentos, desejos e corpos. A crítica do corpo viril, militarizado e duro, que não deve mostrar sinais de feminilidade (associados à fraqueza), atende hoje um público mais amplo, e há tempos os estudos sobre masculinidade virilista costumam convergir com os estudos sobre a supremacia branca e o capitalismo. O homem branco (outra invenção da colônia) constitui uma ferramenta poderosa de controle racial, e a análise da colo-

---

[19] No Brasil, o livro de Chimamanda Ngozi Adichie foi publicado como *Sejamos todos feministas*, trad. Christina Baum. São Paulo: Companhia das Letras, 2015. O *all* do título em inglês [We Should All Be Feminists], que não tem gênero, tornou-se masculino tanto em português como na tradução francesa. O livro foi líder de vendas na Amazon, que também comercializa camisetas para mulheres e homens com o título da obra.

nialidade de gênero não pode prescindir de prestar atenção em masculinidades diversas. Mas existem obstáculos estruturais à igualdade, seja entre as mulheres como um todo, seja entre os homens como um todo. O feminismo inclusivo desejado em *Sejamos todos feministas* se revela inatingível, já que as mulheres como um todo não são iguais e os homens como um todo não são iguais; assim, as mulheres deveriam aspirar à conquista da igualdade em relação a quais homens? O racismo e a divisão em classes sociais, na medida em que se combinam, também se opõem. Em outras palavras, o argumento de *Sejamos todos feministas* é falacioso por dois motivos. Por um lado, ele propõe uma ideia de feminismo inclusivo que obscurece toda a crítica feita pelos feminismos negro e decolonial. Estes propõem justamente libertar *toda* a sociedade, e não uma "separação" dos homens. Por outro lado, tal argumento reduz o feminismo a uma mera mudança de mentalidade válida para todas as mulheres e todos os homens, em todos os momentos e em qualquer lugar. Em sua magnífica obra *In the Wake: On Blackness and Being* [No rastro: Sobre a negritude e o ser], Christina Sharpe retorna a essa questão impensada várias vezes, porque o feminismo burguês branco jamais conseguiu se decolonizar. Sharpe cita Saidiya Hartman, que em uma conversa com Frank Wilderson fala "de um impedimento estrutural (em vez de uma recusa deliberada) contra os brancos se aliarem aos negros devido à divisão da 'espécie' humana entre aquelas e aqueles que são sujeitos e aquelas e aqueles que são objetos: um antagonismo estrutural".[20]

---

20 Christina Sharpe, *In the Wake: On Blackness and Being*. Durham: Duke University Press, 2016, p. 57.

Femonacionalismo, natalidade e Bumidom

Uma das variações desse conflito estrutural é a ascensão do femonacionalismo.[21] Para Sara Farris, que propôs o termo, o femonacionalismo diz respeito à exploração de temas feministas por nacionalistas e neoliberais islamofóbicos (que podem ser ao mesmo tempo contra a imigração) e ao modo como feministas ou "femocratas" contribuem para a estigmatização de homens muçulmanos. Farris também utiliza a ideia de "nacionalismo femocrático".[22] Ao analisar essa convergência, Farris investiga, por um lado, as campanhas de políticas xenofóbicas e racistas avalizadas em nome da igualdade de gênero pelos partidos de extrema direita na Europa Ocidental, bem como as de neoliberais, e, por outro lado, o modo como feministas e femocratas de primeira linha se empenham em designar o Islã como religião e cultura misógina por natureza.[23] As campanhas femonacionalistas, diz Farris, são inseparáveis da reconfiguração do trabalho na década de 1980, particularmente no setor de cuidados da pessoa. Para facilitar a entrada de mulheres migrantes e muçulmanas nesse mercado, o femonacionalismo desenvolve o seguinte argumento: essas mulheres – na maioria muçulmanas – devem ser salvas da dominação masculina, cuja brutalidade é inerente à sua cultura, e elas só têm como

---

[21] Sara Farris, que cunhou o termo "femonacionalismo", faz uma análise desse desenvolvimento em "In the Name of Women's Rights: The Rise of Femonationalism". Durham: Duke University Press, 2017; ver também: "Les Fondements politico-économiques du fémonationalisme", *Contretemps*, 17 jul. 2013, tradução de Marie-Gabrielle de Liedekerke para o artigo "Femonationalism and the 'Reserve' Army of Labor Called Migrant Women". *History of the Present*, n. 2, v. 2, 2012, pp. 184–99.
[22] S. Farris, op. cit., p. 4.
[23] Ibid.

conquistar a própria emancipação se forem incentivadas a entrar no mercado de trabalho neoliberal. Supõe-se que os ofícios que as esperam – serviços domésticos, cuidados de idosos, de crianças ou empregos em serviços de limpeza – deveriam capacitá-las para ter autonomia e permitir que as mulheres das classes médias europeias tenham acesso a uma vida profissional. As feministas brancas, que apoiam essas campanhas, acham natural incentivar as mulheres a ocupar posições que o feminismo, em sua época, denunciava como alienantes e que a dominação masculina costumava reservar às mulheres. Às vezes, elas encontram aliadas entre as mulheres racializadas que exercem o papel de informantes nativas, de mediadoras, de tradutoras do vocabulário neoliberal em um idioma que insiste nas ideias de escolha individual e liberdade. Embora não se deva negligenciar a diversidade de caminhos tomados pelas mulheres migrantes, bem como a capacidade que têm de conquistar autonomia e escapar das imposições do femonacionalismo e do feminismo branco, o modo como são forçadas a fazer parte de formas renovadas de racismo e das identidades nacionais (brancas) continua a ser um fato importante e estruturante. No entanto, eu gostaria de sugerir uma alteração na data identificada por Farris como marco do nascimento do femonacionalismo, que teria surgido nos anos 2000 na França hexagonal (metropolitana). Na verdade, já era possível observar sua existência na década de 1960. Na época, verifica-se que um direito pró-colonial repressivo nos departamentos e governos ultramarinos franceses dá sustentação à migração de jovens e ao controle da natalidade, enquanto a sociedade metropolitana passa por uma modernização. Se o feminismo na metrópole toma algumas iniciativas para registrar o que as mulheres estavam vivendo no Caribe,[24] deve-se dizer que ele aborda a questão da "masculinidade caribenha" de um ângulo que psicologiza a escravidão. Nos anos 1960, a sociedade francesa se moderniza com a repressão de seu passado colonial.[25] A metrópole precisa de mão de obra feminina para preencher os cargos da categoria C no serviço público – em hospitais, creches, asilos, escolas infantis. O acesso de um número maior de mulheres brancas à vida profissional (fora das fábricas) exige que as mulheres racializadas cuidem das funções de reprodução social – cuidado das crianças, limpeza, cozinha – e as famílias da classe média querem trabalhadoras domésticas. Para atender a essas necessidades, o governo cria uma instituição estatal, o Bumidom,[26] que organiza a emigração de jovens do Caribe, da Guiana e da ilha da Reunião. Porém, ainda que nos primeiros anos a iniciativa tenha se dedicado ao recrutamento de homens, o Bumidom logo passou a ter como alvo as mulheres.[27] A organização busca "candidatas a estabelecimento na

---

[24] Ver Esther M., "Reportage de la Caraïbe: Les Martiniquaises". *Histoires d'Elles*, n. 5, 1977; "Martinique, une oppression doublée par la domination coloniale", *Cahiers du Féminisme*, n. 10, jun.-set. 1979, pp. 37–39; *Nouvelles Questions Féministes*, n. 9–10, primavera de 1985, edição organizada por Arlette Gauthier, "Antillaises".

[25] Ver, por exemplo, Kristin Ross, *Rouler plus vite, laver plus blanc: Modernisation de la France et décolonisation au tournant des années 60*. Paris: Flammarion, 2006; Todd Shepard, *1962: Comment l'indépendance algérienne a transformé la France*. Paris: Payot, 2012.

[26] *Bureau pour le développement des migrations dans les départements d'outre-mer*, 1963–1981.

[27] Stéphanie Condon, "Migrations antillaises en métropole". *Les Cahiers du Cedref*, n. 8–9, 2000. Disponível em: cedref.revues.org/196; ver também: relatório da Associação Geral de Estudantes de Guadalupe (Ageg, associação militante) in *L'émigration travailleuse guadeloupéenne en France*. Paris: L'Harmattan, 1978; Pierre Éverard, "L'Intégration des in-

metrópole e à colocação direta como domésticas", indicando: "Trabalhar como doméstica também pode ser considerada uma forma de a jovem corajosa, com certa escolaridade, adaptar-se à vida metropolitana em ambiente familiar e aproveitar o tempo livre para completar seus conhecimentos e se preparar para exames ou concursos que lhe abrirão portas para outras profissões".[28] O Bumidom enfatiza o ganho de mulheres caribenhas e reunionesas quanto à autonomia e à formação profissional. Stéphanie Condon, que estudou a migração feminina do Caribe, descreve "uma concentração de empregos femininos em um pequeno número de setores, em que metade das mulheres ficam concentradas em postos de serviço público; hospitais, serviços sociais, PTT [Correios, Telégrafo e Telefonia], setores em que os empregos 'femininos' são numerosos".[29] O número de mulheres caribenhas recrutadas pelo Bumidom aumentou muito rapidamente: em 1962, "as mulheres caribenhas na metrópole eram 16 660 e os homens, 22 080; em 1968, os respectivos números eram 28 556 e 32 604. Já o censo de 1968 contabilizava 13 736 mulheres e 15 152 homens vivendo na metrópole desde 1962".[30] A organização da emigração de uma mão de obra feminina responde não apenas às demandas criadas pela reorganização do capitalismo na França, mas também à reorganização social e política nos territórios ultramarinos. O que quero sugerir aqui é que uma forma de femonacionalismo

firmières antillaises dans les équipes soignantes des Hôpitaux de Paris". Dissertação de mestrado, Universidade de Lyon II, 1983; Fred Constant, "La Politique française de l'immigration antillaise de 1946 à 1987", *Revue Européenne des Migrations Internationales*, n. 3, v. 3, 1987.
28 Stéphanie Condon, op. cit.
29 Ibid.
30 Ibid.

surge na França em um momento de reorganização de seu espaço racializado, após a independência da Argélia. As bases do femonacionalismo dos anos 2000 foram, portanto, lançadas na década de 1960. A repressão do passado colonial/racial e a reorganização do capitalismo, permanecendo impensadas pelas feministas metropolitanas no momento "pós-colonial", estão interligadas há muito tempo.

No século XXI, o controle de migração e o controle de natalidade, a organização de uma mão de obra móvel, racializada e feminina, continuam ocupando o centro das políticas neoliberais que receberam o aval das feministas civilizatórias. Como o da Fundação Bill & Melinda Gates, que promete facilitar o acesso a informações contraceptivas para 120 milhões de mulheres nos países mais pobres até 2020, promovendo a distribuição de novas tecnologias, em especial os implantes hormonais (Norplant, Sinoplant, Jadelle, inseridos no braço) ou injetáveis (Depo Provera, Noristerat, injetados nos músculos glúteos, para liberação mais lenta).[31] Os países mais visados são Índia, Nigéria e Brasil, onde a taxa de esterilização de mulheres negras é alta (42% delas).

Era previsível que o feminismo civilizatório ganhasse força. Se ele se manifestou inicialmente durante a era do colonialismo escravagista e pós-escravagista, o período pós-colonial na França fez com que voltasse à tona. Subscrevendo a ficção de que o colonialismo terminou em 1962, o feminismo se iludiu com a existência de um vasto território "ultramarino" decorrente do período escravagista e pós-escravagista e da presença

---

[31] "Planejamento familiar. Uma visão geral das nossas estratégias". Disponível em: gatesfoundation.org/fr/What-We-Do/Global-Development/Family-Planning.

de mulheres racializadas na França. É assim que o feminismo se torna uma ideologia cúmplice das novas formas de capitalismo e imperialismo, mantendo o silêncio quanto às intervenções armadas da França em suas antigas colônias no continente africano, bem como sobre as novas formas de colonialismo e racismo de Estado nos territórios "ultramarinos" e na França.

A recuperação da narrativa militante

Uma das armas ideológicas do feminismo civilizatório no final dos anos 1980 consistiu na pacificação de figuras militantes e na reescrita de nossas lutas. Contestar a existência de lutas emancipatórias deixa de ser uma questão para o Estado, suas instituições e partidos políticos: a operação mais comum agora consiste em integrar algumas figuras cuidadosamente selecionadas e "embranquecê-las" – em todos os sentidos do termo. Essa pacificação foi efetivada por volta de 1968 e aqueles que "largaram Mao e aderiram ao Rotary Club" são agora bem-vindos nos corredores do poder. O aspecto multifacetado do Movimento de Libertação das Mulheres (MLF)[32] perdeu, assim, o alcance que tinha. Embora seu nome derive de movimentos de descolonização, o MLF deixou oculto o que devia às lutas antiescravidão e anticolonialista. Deve-se lembrar que o nome "Movimento de Libertação das Mulheres" foi escolhido porque o termo "feminista" não era hegemônico na época. Para os grupos que o compunham, notadamente formados por feministas marxistas ou próximas da extrema esquerda anti-imperialista

---

[32] Circula na mídia a tradução literal da denominação "Movimento de Libertação das Mulheres" dos Estados Unidos.

e do Partido Comunista, o termo estava associado a uma posição burguesa cega às questões sociais; para outros, ele negligenciava a questão do inconsciente.[33] Outros grupos defendiam ainda uma abordagem política das lutas das mulheres, desenvolvendo uma crítica ao Estado patriarcal e imperialista, manifestando uma compreensão aguda da dimensão social da vida das mulheres; outras correntes se concentraram mais em denunciar a heteronormatividade. A partir da segunda metade da década de 1970, grupos cada vez maiores de mulheres racializadas se articularam.[34] Finalmente, na França e na Itália, as feministas brancas se concentraram marcadamente nas lutas legais (aborto, contracepção, estupro), porque implicavam colocar em questão o Estado patriarcal e uma justiça de classe. No entanto, não se questionava a estrutura racial do Estado, da Justiça ou da medicina. Para se tornar um movimento legítimo e não uma ideologia marginal, para ser admitido nos corredores do poder, para convencer o Estado e o capital da existência de um feminismo que não apenas não era uma ameaça, como poderia se tornar uma arma ideológica e política, o feminismo

---

[33] Não é meu objetivo aqui voltar a analisar a diversidade dos grupos de mulheres que compõem o MLF, de modo que abordo o assunto apenas sucintamente.

[34] Ver, por exemplo, *Algériennes en lutte*, boletim do grupo de mulheres argelinas, jan. e dez. de 1978; *Nosostras*, 1974–1976; publicação da Coordination des femmes noires, 1978. Nos anos 1980, a *Maison des femmes*, em Paris, acolheu muitos grupos de mulheres, incluindo as que se diziam racializadas, *queer* e lésbicas. O "Groupe du 6 novembre", um grupo político não misto, nasceu em novembro de 1999 graças ao "encontro de lésbicas com uma história ligada à escravidão, ao imperialismo, às colonizações, à migração forçada, aquelas que são referidas nos países anglo-saxões sob o termo genérico 'lesbians of color' [lésbicas de cor]". Há cada vez mais pesquisas acadêmicas dedicadas ao estudo desses grupos; arquivos digitais – textuais e visuais – têm sido desenvolvidos.

civilizatório deveria transformar o feminismo militante, substituindo seu então adversário (o patriarcado branco, o Estado e o capital) pelo Islã. Trata-se, portanto, de transformar o MLF no país, já enfraquecido devido à institucionalização operada pelo governo socialista do Partido Socialista em 1981, em um movimento feminista que reivindica a paridade, que aspira à libertação sexual mais trivial, ao mesmo tempo que exige repressão às profissionais do sexo, fazendo do biquíni e da minissaia os símbolos de sua libertação. Isso obviamente apagava os movimentos de mulheres nas fábricas, os movimentos *queer* e de lésbicas e das feministas anti-imperialistas, mas a operação era necessária para restaurar um pouco do brilho da ideologia neoliberal que precisava se distinguir de um patriarcado excessivamente carregado, especialmente porque estava associado à direita. Essa adaptação do feminismo também ocorre na reescrita da grande narrativa militante. Pode acontecer, por exemplo, que uma ativista radical, insultada e difamada, desempregada há tempos por se dedicar ao ativismo, seja apresentada como uma dama sábia, uma costureira tímida com sua bolsinha, enfrentando sozinha os bandidos; poderia ser Rosa Parks. Essa transformação provoca diversos apagamentos: de uma luta coletiva, da personalidade de uma ativista e da estrutura racista do Estado norte-americano. A luta coletiva, no entanto, foi essencial para o desenvolvimento do movimento político antirracismo nos anos da segregação nos Estados Unidos. Em 1955, o Conselho Político das Mulheres [Women's Political Council, WPC] foi criado para mobilizar as mulheres negras no Sul. Foi esse movimento que lançou a ideia de um boicote a ônibus segregados e, em 1º de dezembro de 1955, Rosa Parks se recusa a sentar na área reservada a pessoas negras nos ônibus de Montgomery. As semanas de boicote são possíveis graças à longa preparação realizada em particular pelas mulheres. A contribuição do WPC é igualmente fundamental para o sucesso da marcha de 1963 em Washington: as militantes reservam ônibus, preparam alimentos, imprimem o texto com canções de luta para animar as longas viagens e os manifestantes, elas organizam os revezamentos, são as "mãozinhas" do evento, fazem o trabalho que as mulheres fazem em toda parte quando se trata de mobilização local. Entretanto, os organizadores da marcha teimam e se recusam a permitir que uma dessas militantes fale em Washington; antes dos protestos, eles finalmente acabaram por aceitar que algumas delas se sentassem nas arquibancadas e que um "Tributo às mulheres negras que lutam pela liberdade" fosse organizado, pronunciado por um homem, A. Philip Randolph. Apenas Daisy Bates, que estava por trás do movimento antissegregação nas escolas de Little Rock, Arkansas (levando à decisão federal de 1954 que declara a dessegregação de todas as escolas), é finalmente autorizada a tomar a fala.[35] Na marcha, as dirigentes negras receberam um papel menor, inferior ao dos homens, ao lado das esposas dos dirigentes. Nenhuma foi convidada a participar da reunião com o presidente Johnson. Para essas mulheres, a "dupla desvantagem da raça e do sexo" [*double handicap of race and sex*] ou o sistema "Jane Crow", nas palavras de Pauli Murray, convence-as, se necessário, de que "as mulheres negras não podem nem devem protelar ou subordinar a luta contra a discriminação

---

[35] Como lembrou Jesse Jackson, Bayard Rustin, o principal organizador da marcha, era discriminado no movimento por ser gay. Disponível em: washingtonpost.com/lifestyle/style/women--nearly-left-off-march-on-washington-program--speaking-up-now/2013/08/22/54492444-0a-79-11e3-8974-f97ab3b3c677_story.html?noredirect=on&utm_ter- m=. 23c485166d0f.

baseada no sexo à luta pelos direitos civis, mas devem levar adiante as duas simultaneamente e na linha de frente".[36] A contribuição dessas mulheres, no entanto, continua ocupando um lugar marginal na narrativa das lutas pelos direitos civis, que se tornou um movimento pacificador, mais do que pacífico, no qual a figura específica de Rosa Parks, transformada em heroína de acordo com os códigos da narrativa dominante e esvaziada de sua militância, assume um lugar hegemônico. Foi assim, após um longo processo de pacificação, que Rosa Parks pôde se tornar uma figura do excepcionalismo norte-americano, no qual os erros são redimidos graças aos "valores americanos" de *decency* [decência] e *fairness* [justiça]. Ela entra no Panteão americano sob a condição de ser "branqueada" e separada de sua comunidade militante. É ainda mais irônico que Rosa Parks fosse uma militante de longa data, próxima dos comunistas negros norte-americanos.[37] A sua estátua é inaugurada no Congresso após esse branqueamento se efetivar. Uma vez desassociadas do feminismo radical e da militância, as mulheres podem se tornar figuras proeminentes da história nacional. O que aconteceu com Rosa Parks também aconteceu com Coretta Scott King, que fez oposição à Guerra do Vietnã e exerceu uma militância radical – só lembramos dela como a dedicada esposa de Martin Luther King Jr. Quando não é possível despolitizar militantes, elas são descritas como raivosas e mas-

---

36 Citada por Jennifer Scanlon, "Where Were the Women in the March on Washington?". *The New Republic*, 16 mar. 2016. Disponível em: newrepublic.com/article/131587/women-march-washington, trecho extraído de livro da mesma autora, *Until There is Justice*. Oxford: Oxford University Press, 2016.
37 Jeanne Theoharis, *The Rebellious Life of Mrs. Rosa Parks*. Boston: Beacon Press, 2013.

culinizadas, extremistas incontroláveis, mulheres indignas do marido (que, no entanto, pode se tornar um ícone), ou então são simplesmente condenadas a desaparecer. Entre os nomes esquecidos ou marginalizados, que ainda devem ser constantemente lembrados, citemos Claudia Jones: militante comunista, propôs uma articulação pioneira entre a emancipação das mulheres e a emancipação socialista, tendo sido ponto central da campanha de apoio aos Scottsboro Boys (jovens negros falsamente acusados de estupro e ameaçados de linchamento). Jones teve a cidadania americana confiscada após cumprir duas temporadas na prisão.[38] Também podemos mencionar Winnie Mandela, sempre comparada negativamente com o marido, que se tornou um santo para o Ocidente (que, por sua vez, esquece que ele a tratou como terrorista por muito tempo); podemos pensar também em Djamila Bouhired, menos assimilável que Djamila Boupacha, porque era impossível colocá-la como vítima. Bouhired sempre afirmou seu orgulho por ter participado da luta armada contra o Estado francês. Também não devemos esquecer da vítima mais jovem do dia 17 de outubro de 1961, na Batalha de Paris, Fatima Bedar, que morreu aos dezessete anos.

---

[38] Ver Claudia Jones, "Femmes noires et communistes, mettre fin à une omission". *Période*. Disponível em: revueperiode.net/author/claudia-jones/. Ver também Carole Boyce Davies, *Left of Karl Marx: The Political Life of Black Communist Claudia Jones*. Durham: Duke University Press, 2007; Claudia Jones, *Ben Davis: Fighter for Freedom*. New York: New Century, 1954; Claudia Jones, "The Caribbean Community in Britain", *Freedomways*, v. 4, verão de 1964, pp. 341–57; John H. McClendon III, "Claudia Jones (1915–1964), political activist, black nationalist, feminist, journalist", in Jessie Carney Smith (org.), *Notable Black American Women*, Livro II. New York: Gale Research Inc., 1996, pp. 343–48.

Tempo e narrativa do feminismo segundo o Estado

Fazer de uma militante heroína da democracia ocidental contribui para mascarar as persistentes desigualdades e para fazer do racismo uma doença de alguns/algumas. Colocados dessa forma, o racismo e o sexismo não seriam elementos estruturais, mas acidentes reparados graças à coragem das pessoas. O crime é apenas um momento de distração. Essa pacificação do nosso passado militante contribui para nossa dominação no presente. De fato, o poder se serve dessa narrativa para ensinar lições a movimentos mais recentes. Os padrões de respeitabilidade são estabelecidos para reprimir a raiva e torná-la indigna. Consequentemente, existem "sujeitos dignos de se defender e de ser defendidos".[39] Essa estratégia de apagamento dá forma a mulheres como ícones despojados de seu próprio combate, separadas dos coletivos que integravam, fazendo delas heroínas calmas, gentis e pacíficas. Note que na Europa ainda não foi necessário levar adiante uma estratégia assim, pois nenhuma mulher racializada pertence ao seu Panteão. E, na França, o processo de pacificação das mulheres militantes racializadas não tem razão de ser; para que tivesse, antes seria necessário que elas existissem.[40] No entanto, os homens negros foram reconhecidos pelo Estado francês, mas à custa de seu branqueamento. Aimé Césaire entrou no Panteão como autor do *Diário de um retorno ao país natal*, e não de *Discurso sobre o colonialismo*. Na realidade, esse texto denuncia o racismo e

---

[39] Elsa Dorlin, *Se defender: Uma filosofia da violência*, trad. Jamille Pinheiro Dias e Raquel Camargo. São Paulo: Ubu Editora/Crocodilo, no prelo.
[40] Os nomes dessas mulheres ainda não são conhecidos, embora por vários anos tenham sido mencionados em eventos oficiais ou seminários de "mulheres estrangeiras".

oferece uma análise do efeito de retorno da escravidão e do colonialismo na França, que ressoa com o nosso presente. Da mesma forma, a frase de Frantz Fanon que diz "Não sou escravo da escravidão que desumanizou meus pais" poderia ser colocada no topo das celebrações do 150º aniversário da abolição da escravidão nas colônias francesas em 1998: a sua mensagem revolucionária foi toda apagada e a afirmação, retirada de seu contexto, defendia uma mensagem de reconciliação antes mesmo que as reparações fossem discutidas. Deveríamos, então, desejar entrar nesse Panteão, desejar essa integração, aspirar a "existir nele", tendo em vista que a estrutura de sua narrativa não mudou e o lugar concedido continua reduzido? De fato, é grande a tentação de lutar pela inclusão de "capítulos esquecidos". Eu mesma já me deixei levar por ela, mas percebi rapidamente os limites dessa estratégia, porque, se o arcabouço teórico da escrita da história não muda, é praticamente certo que esses capítulos só serão incluídos à custa de perder seu poder transformador no mundo: seriam adequados ao esquema das fronteiras geográficas e às características da narrativa nacional.

Em vez de adotar a estrutura da narrativa colonial que o feminismo civilizatório tanto preza, devemos ser implacáveis na recuperação das histórias de luta de mulheres escravizadas e quilombolas que revelam a existência de um feminismo antirracista e anticolonial a partir do século XVI. Seria possível argumentar que nenhuma dessas mulheres se autodenominava feminista; que as ideias de antirracismo e anticolonialismo vieram muito depois. Mas se Mary Wollstonecraft, filósofa, autora de *Reivindicação dos direitos da mulher* (1792), e Olympe de Gouges, autora da *Declaração dos direitos da mulher e da cidadã* (1791), abolicionista, que acabou morta na guilhotina em

3 de novembro de 1793 por suas ideias, merecem ser chamadas de feministas, então Sanité Belair, revolucionária e oficial do Exército haitiano, fuzilada em 5 de outubro de 1802 pelo Exército napoleônico responsável por restaurar a escravidão, a rainha Nanny na Jamaica, a quilombola Héva, da ilha da Reunião, ou a mulata Solitude, que participou da insurreição contra as tropas napoleônicas em Guadalupe, também merecem. Reescrever a história das mulheres é seguir o caminho aberto nos Estados Unidos, na América Central e do Sul, na África, na Ásia e no mundo árabe para trazer à luz as contribuições das mulheres indígenas, das mulheres negras, das mulheres colonizadas, dos feminismos antirracistas e anticoloniais.

Solidariedade ou lealdade aos homens racializados

As histórias ocidentais não foram as únicas a apagar as mulheres que lutaram. Os movimentos revolucionários contribuíram para celebrar figuras masculinas ou para silenciar as mulheres heroínas. O argumento da divisão e do ocidentalismo foi decisivo: "Você divide o movimento que está sob o fogo da repressão, contribui para a estigmatização dos irmãos, age como ocidental". Muitas militantes testemunharam esse apelo à lealdade com o propósito de ignorar suas críticas ao machismo e ao sexismo. Em sua autobiografia, Elaine Brown, militante do Partido dos Panteras Negras e posteriormente sua líder, questiona sem rodeios o sexismo de seus camaradas.[41] Ela descreve

---

[41] Elaine Brown, *A Taste of Power: A Black Woman's Story*. New York: Anchor Books, 1994. Ver também Robyn C. Spencer, *The Revolution Has Come: Black Power, Gender and the Black Panther Party in Oakland*. Durham: Duke University Press, 2016.

a espiral de violência criada pelo estresse contínuo, o racismo, a terrível repressão que ocorre no Partido, a capacidade de o FBI semear o clima de divisão.[42] Brown revela todas as contradições, todas as terríveis tensões que pesam sobre as vidas negras, independentemente do gênero e da sexualidade, mas suas observações permanecem repletas de ternura e amor pelas mulheres e pelos homens negros que são impelidos a agir com violência contra elas mesmas e eles mesmos e contra as pessoas que lhes são mais próximas. É isso que torna essa obra difícil tão rica, essa obra que faz ser possível questionar a condenação moralista da dominação masculina nas comunidades negras pelo feminismo civilizatório. Na França, a Coordenação de Mulheres Negras, em seu programa de 1978, afirma claramente a sua necessidade de ter uma posição autônoma em relação ao feminismo branco e ao machismo negro:

> Ao confrontarmos nossa experiência vivida como mulheres e negras, percebemos que a história das lutas, em nossos países e na imigração, é uma história na qual somos negadas, distorcidas. [...] É por isso que a nossa luta como mulheres é acima de tudo autônoma, porque da mesma forma que pretendemos combater o sistema capitalista que nos oprime, nos recusamos a sofrer com as contradições dos militantes que, ao reivindicar a luta por um socialismo sem aspas, perpetuam em sua prática em relação às mulheres, no entanto, um tipo de relação de dominação que criticam em outros campos".[43]

[42] Ibid., p. 401.
[43] Texto integral da publicação *Coordination des femmes noires* (1978).

Essas posições, que podem ser encontradas nos textos de mulheres negras escravizadas ou colonizadas, são adotadas hoje por grupos como as Locs (*Lesbians of Color* [lésbicas negras]), Mwasi ou AfroFem, que dizem fazer frente à "invisibilização das mulheres negras nos movimentos feministas", mas sem "obscurecer o machismo dos homens afro",[44] para o qual criaram a noção de "misoginegro" [*misogynoir*]. Divine K., cofundadora do coletivo AfroFem, volta à questão da imposição de lealdade ao enfatizar que, "quando as mulheres afro se opõem aos homens afro, elas são acusadas de agir como fonte de divisão, de jogar o jogo dos colonizadores!", ao denunciar "o androcentrismo dos chamados movimentos de consciência negra e afrocentricidade, liderados por homens que defendem uma espécie de 'retorno às fontes africanas' e impõem ordens essencialistas às mulheres negras".[45] A solidariedade é uma alternativa à imposição de lealdade, uma solidariedade irrestrita, um amor verdadeiro e profundo, incondicional, mas que não tolera a violência.

O feminismo civilizatório como operador de pacificação das lutas das mulheres

É importante analisar as estratégias de pacificação porque, por um lado, elas nem sempre tomam o caminho da censura, da repressão policial ou armada e, por outro, semeiam confusão acerca dos objetivos da emancipação, representando-a como uma vitória do bem sobre o mal, da moralidade sobre os defeitos. O feminismo civilizatório tem usado essas estratégias para

---

[44] Lucie Sabau, "AfroFem", 15 set. 2015.
[45] Ibid.

favorecer a aceitação dos termos "feminismo" e "feminista". O feminismo civilizatório reescreveu a história das lutas das mulheres para minar ou desabonar as ações das mulheres do Sul nas lutas anticoloniais e anti-imperialistas, e são mencionadas nessa história de maneira marginal ou com o foco da narrativa na "traição" dos movimentos anticoloniais para com as mulheres que eles teriam mandado "para casa". Faz-se aqui uma escolha: a de ignorar as análises das mulheres que participaram das lutas anticoloniais e anti-imperialistas, que criticaram a dimensão de gênero do nacionalismo e insistiram na inevitável intersecção entre direitos econômicos, culturais, políticos, reprodutivos e ambientais. Se existe uma defasagem entre as promessas das lutas pela independência e a realidade pós-colonial, ela não provém simplesmente de um fato da cultura, mas de um pensamento marcado pela perpetuação da dominação masculina. Essas contradições existem; as feministas decoloniais estão conscientes delas e as analisam constantemente. Contudo, a disposição hegemônica do feminismo civilizatório é de não aceitar que as mulheres do Sul possam analisar os mecanismos e a ideologia das políticas masculinistas e heteropatriarcais. Ao salientar o quanto a crueldade dos homens brancos tem sido mais destrutiva do que qualquer outra coisa que já existiu, as feministas decoloniais optam por não ignorar a existência da violência sistêmica contra as mulheres, nem o retorno de estruturas opressivas nos Estados que emergiram da descolonização. O movimento argentino Ni Una Menos, que desde 2016 organiza greves e manifestações contra o feminicídio, "uma das formas mais extremas de violência contra as mulheres, pois consiste no assassinato de uma mulher por um homem que a considera sua propriedade", vincula essa luta à defesa dos direitos dos povos indígenas à terra e contra as políticas neoliberais impostas pelo FMI.[46]

O desvelamento nos anos 2010

Na França, o verão é um período propício à expressão do feminismo civilizatório e de suas fantasias racistas sobre o corpo das mulheres muçulmanas.[47] No verão, "a mulher" deve se despir porque é assim que ela mostra sua liberdade. Marianne, o símbolo da República, tem o seio descoberto "porque alimenta o povo! Ela não usa véu porque é livre! Isso é a República!".[48] O biquíni[49] se tornou a peça emblemática da libertação da mu-

---

[46] Luc Vinogradoff, "Marche contre 'les féminicides' en Argentine et dans toute l'Amérique latine". *Le Monde*, 19 out. 2016. Disponível em: lemonde.fr/big-browser/article/2016/10/19/greve-des-femmes-et-mercredi-noir-en-argentine_5016560_4832693.html.

[47] Essas páginas são em grande parte tiradas de Françoise Vergès, "Toutes Les Féministes ne sont pas blanches! Pour un féminisme décolonial et de marronnage", in Ahmed Boubeker e Serge Mboukou (orgs.), *Philosophies des limites postcoloniales, Le Portique*, n. 39–40, 2017, pp. 155–177.

[48] "Valls évoque 'le sein nourricier' de Marianne, la polémique enfle", *Ouest-France*, 30 ago. 2016. Veja a retificação da historiadora Mathilde Larrère, que lembra que o seio descoberto de Marianne é uma forma de copiar a Antiguidade, que sua representação mudou ao longo dos séculos e que não tem nada a ver com nenhum tipo de liberdade para as mulheres. Assma Maad, "La leçon d'une historienne à Manuel Valls après ses propos sur Marianne et le voile". *BuzzFeed*, 30 ago. 2016. Disponível em: buzzfeed.com/fr/assmamaad/une-historienne-repond-a-valls-sur-marianne-elle-a-le-sein-n.

[49] O termo "biquíni" foi cunhado por Louis Réard em 1946, em referência a uma roupa de banho de duas peças, vendida em uma caixa de fósforos e comercializada com o seguinte *slogan*: "O biquíni, a primeira bomba anatômica!". Em 1946, os Estados Unidos realizaram o primeiro

lher, aquela que simbolizaria as vitórias das feministas dos "anos 1970" e encarnaria sua adesão aos "valores da República", seu acesso a uma verdadeira e completa feminilidade, liberada e vivida plenamente. É um sinal de sua adesão à laicidade, já que o feminismo, a República e a laicidade se tornaram intercambiáveis. É obviamente o oposto dos *burkini*, que materializariam a opressão das mulheres no verão de 2016.[50] O *burkini* foi proibido pelos regulamentos municipais e uma força policial foi encarregada de multar mulheres que o usassem nas praias do sul da França. No ano anterior, o verão já tinha trazido sua própria cota de incidentes em torno dos trajes de mulheres. A mídia, as redes sociais e os políticos ficaram em polvorosa com um fato ocorrido na cidade de Reims: quatro jovens, de acordo com uma reportagem da imprensa local, teriam agredido uma jovem que se bronzeava de biquíni em um jardim público. O episódio foi imediatamente transformado em uma "agressão inaceitável com a qual querem nos impor um modo de vida que não é o nosso". Segundo um dos líderes da direita francesa que clama por "intransigência", o caso do

teste nuclear no atol de Bikini. Um total de 23 bombas nucleares foi testado no local, levando seus habitantes ao exílio. A ilha continua inabitável.
50 Les Décodeurs, "Comment le 'burkini' est devenu la polemique du mois d'août". *Le Monde*, 26 ago. 2016. Disponível em: lemonde.fr/les-decodeurs/article/2016/08/26/comment-le-burkini-est-devenu-la-polemique-du-mois-d-aout_4988517_4355770.html; "Burkini: Les islamistes sont contre". Jean-Claude Kaufmann, autor do livro *Burkini. Autopsie d'un fait divers*, Interview Soir 3, 5 jul. 2017. Disponível em francetvinfo.fr/societe/religion/laicite/polemique-sur-le-burkini/pour-les-femmes-qui-le-portent-leburkiniest-un-compromis-entre-la-modernite-et-la-foi_1593515.html; "Le Tribunal administratif de Bastia valide l'arrêté 'anti-burkini' de Sisco". *Libération*, 6 set. 2016. Disponível em: www.lemonde.fr/port-du-voile/article/2016/09/06/le-tribunal-administratif-de-bastia-valide-l-arrete-anti-burkini-de-sisco_4993489_4987696.html.

biquíni em Reims serviu para as feministas brancas, de direita e de esquerda, como oportunidade para espalhar acusações contra uma "polícia religiosa"[51] e elogiar o corpo feminino nu como símbolo da República. Quando a investigação revelou a banalidade do incidente, já era tarde demais. O biquíni tinha virado causa nacional.

O verão de 2017 não escaparia dessa nova convenção. No final de julho, a mídia francesa noticiava diariamente uma "revolta do biquíni" na Argélia. As manchetes eram sugestivas: "Argélia: A revolta do biquíni se espalha",[52] "Argélia: O que é a

[51] Julien Vlassenbroek e Franceline Beretti, "Femme en bikini agressée à Reims: Analyse d'un emballement sur la Toile". RTBF, 28 jul. 2015. Disponível em: rtbf.be/info/medias/detail_femme-en-bikini-agressee-a-reims-analyse-d-un-emballement-sur-la-toile?id=9042079.
[52] "Algérie: la revolte du bikini s'étend". LCI, 3 ago. 2017. Disponível em: lci.fr/international/video-algerie-quand-le-revolte-bikini-etend-devient-le-symbole-du-feminisme-2059527.html. A chamada do artigo é ainda mais sugestiva: "ITSY BITSY – Desde o feriado nacional argelino, no último dia 5 de julho, mulheres têm organizado passeios à praia no norte do país... de biquíni. Uma forma de lutarem juntas contra o assédio e a pressão religiosa". O termo *"itsy bitsy"* refere-se a uma canção de Dalida: "Numa praia havia uma moça linda/ Que tinha medo de dar um mergulho/ Ela tinha medo de sair da sua barraca/ Tremia de medo de mostrar aos outros/ Um dois três ela tremia de medo de mostrar o quê?/ O seu pequeno *itsi bitsi tini ouini*, pequenino, pequeno, biquíni" [cuja célebre versão em português foi gravada por Celly Campello]. Ver também Claire Tervé e Sandra Lorenzo, "Y-a-t'il eu vraiment une révolte du bikini en Algérie?". *HuffPost*, 7 ago. 2017. Disponível em: huffingtonpost.fr/entry/y-a-t-il-vraiment-une-revolte-du-bikini-en-algerie_fr_5c92fddae4b06857fcbc-cdd3; Viviane Forson, "Algérie: Les secrets d'une campagne pro-bikini". *Le Point Afrique*, 27 jul. 2017. Disponível em: lepoint.fr/afrique/algerie-les-secrets-d-une-campagne-pro-bikini-27-07-2017-2146299_3826.php; H. B., "Algérie: Une 'opération bikini' a t'elle été organisée sur une plage de Kabylie?". *20 Minutes*, 8 ago. 2017. Disponível em: www.20minutes.fr/world/2114367-20170807-algerie-operation-bikini-organisee-plage-

113

'revolta do biquíni', um movimento cidadão e espontâneo".[53] Os jornais franceses falavam de "manifestações feministas", de "banhos republicanos em massa", de um encontro na praia de "mais de 3 600" mulheres vestidas de tal forma para fazer oposição aos "islamitas" que "as ameaçavam".[54] O vocabulário dos artigos tomava de empréstimo aquele de uma legitimidade feminista "laica e republicana", na medida em que se desejava ver as mulheres argelinas defenderem "valores republicanos", e que se testemunhava uma luta entre "duas visões conflituosas".[55] Finalmente, no início de agosto, retificações foram feitas. As mulheres argelinas, que tinham criado um grupo no Facebook para irem juntas à praia como forma de prevenção coletiva do assédio sexista, tiveram de intervir na mídia francesa para impedir a fabricação da "polêmica do biquíni".[56] Nouria denun-

kabylia; "New 'bikini' operation in Algeria". BFMTV, 7 ago. 2017. Disponível em: bfmtv.com/international/algerie-nouvelle-operation-bikini-pour-resister-a-la-pression-religieuse-1231540.html; "Qu'est-ce que 'la révolte du bikini' en Algérie". BMFTV, 7 ago. 2017. Disponível em: www.youtube.com/watch?v=IsapPrTzHfY.

[53] Amélie James, "Algérie: qu'est-ce que la 'révolte du bikini', mouvement citoyen et spontané". RTL, 8 ago. 2017. Disponível em: rtl.fr/actu/international/algerie-qu-est-ce-que-la-revolte-du-bikini-mouvement-citoyen-et-spontane-7789643655.

[54] Ibid.

[55] Ibid.

[56] Zohra Ziani, "Polémique sur le bikini en Algérie: des femmes veulent tourner la page". *Libération*, 13 ago. 2017. Disponível em: liberation.fr/planete/2017/08/13/polemique-sur-le-bikini-en-algerie-des-femmes-veulent-tourner-la-plage_1589790. Ver também: Cyprien Pézeril, "En Algérie, ces femmes se battent pour porter le bikini". *Le Parisien*, 3 ago. 2017. Disponível em: leparisien.fr/societe/en-algerie-ces-femmes-se-battent-pour-porter-le-bikini-03-08-2017-7172766.php; e Lina Kennouche, "La révolution du bikini: de la grandeur à la misère du féminisme en Algérie". *Al-Akhbar.com*, 31 jul. 2017. Disponível em: le-blog-sam-la-touch.

ciou a manipulação nos seguintes termos: "Eles começaram a usar palavras que nunca usamos, tais como 'islamismo' ou 'obscurantismo'". "Não denunciamos nem as agressões físicas, que não sofremos nessa praia, nem as mulheres que usam burkini, que não representam um problema para nós", acrescentou Sarah. Seu marido, Djaffar, perdeu a paciência: "Não faz sentido pensar que andar nesse grupo é a única maneira de as mulheres usarem trajes de banho na praia. Elas sempre usaram".[57]

A revolta do biquíni foi pura construção da mídia francesa, vindo a ser abraçada pelas feministas brancas. A questão era e continua sendo desvelar as mulheres argelinas, tão "bonitas sob o véu", como proclamado por um cartaz de propaganda do Exército francês durante a guerra de independência argelina. A beleza feminina residiria nesse desvelamento. O ridículo dessas disputas em torno do biquíni não deve mascarar a violência que existe nisso. Trata-se de fato de uma ofensiva para impor normas às mulheres, particularmente em termos de vestuário.

Mas a ficção da revolta do biquíni não foi o último incidente do verão de 2017. No dia 21 de agosto daquele ano, Julia Zborovska publicou em sua página no Facebook uma série de fotos de mulheres usando lenços na cabeça, o que a mídia, os políticos e as feministas chamam de "mulheres veladas".[58] Zborovska legendou as fotos da seguinte forma: "Registros feitos durante uma hora na orla do Rivetoile em Estrasburgo – a capital da Europa, a cidade dos direitos humanos... é clara [sic] que não é a cidade dos direitos das mulheres... Liberdade, igual-

---

over-blog.com/2017/07/la-revolution-du-bikini-de-la-grandeur-a-la-misere-du-feminisme-en-algerie-al-akhbar.com.html.

57 Ibid.

58 Tendo colocado tais fotos em sua página pessoal, que tem seu nome, ela renunciou ao próprio anonimato.

dade entre homens e mulheres? Tem mais mulheres veladas do que meninas de vestido e sainha... Eu fico chocada. Obs.: E [não] se incomodem em falar comigo sobre direitos de imagem, como estão camufladas, ninguém vai reconhecê-las!".[59] Diante de acusações de racismo e islamofobia, Julia Zborovska se defendeu invocando seu feminismo: "Estou surpresa e um pouco chocada com tanto ódio e raiva. Meu objetivo não era provocar esse conflito. A minha mensagem era antes feminista do que racista. Meu único arrependimento é não ter escondido o rosto das mulheres. O que queria fotografar eram os trajes. Sou tudo, menos racista, fascista ou nacionalista".[60] A referência ao seu feminismo, a sua reação defensiva e as suas negações – "Eu não queria..., eu não sou racista" – são sintomáticas de um discurso racista que não pode ser reduzido a uma opinião individual e que se assemelha a uma estrutura. Tendo optado por ignorar o modo como o racismo e a islamofobia contaminam o pensamento e se insinuam na consciência, Zborovska só poderia ser surpreendida pelo "ódio" e pela "raiva". Com essa inversão, ela mascarava o próprio ódio. A sua mensagem pretendia devolver o sentimento de culpabilidade: ela jamais tinha tido a intenção de magoar, então por que é que estava sendo magoada? Ao continuar a afirmar sua inocência, Zborovska lança mão de um recurso de linguagem bem conhecido: a negação. Ao ser flagrada,

---

59 Céline Rousseau e Marc-Olivier Fogiel, "Strasbourg: La justice saisie contre une femme qui critique les musulmanes voilées sur Facebook". *France Bleu*, 24 ago. 2017. Disponível em: francebleu.fr/infos/faits-divers-justice/une-plainte-deposee-strasbourg-contre-une-femme-qui-critique-sur-facebook-les-musulmanes-voilees-1503594733. O Coletivo contra a Islamofobia na França (CCIF) apresentou uma queixa contra Julia Zborovska.
60 Ibid.

seria possível dizer, de mãos dadas com a islamofobia, ela persiste em negar a realidade, acusando o mundo exterior de ser injusto com ela. Não foi ela que foi injusta e grosseira, foram os outros. A proibição, que se tornou um dos mecanismos típicos do discurso racista – "não sou eu, é o outro", ou, traduzindo, "são as minorias racializadas que são racistas, elas enxergam o mal em toda parte" –, evita que a pessoa tenha de deparar com o próprio racismo. "A culpa e a postura defensiva são tijolos em uma parede contra a qual todas nos chocamos; elas não servem aos nossos futuros",[61] escreveu Audre Lorde. Mas o verão e a sua safra de declarações feministas ainda não tinham terminado. A associação Lallab, cujo objetivo é "fazer ouvir as vozes das mulheres muçulmanas na luta contra a opressão racista e sexista", foi acusada de estar próxima dos "indigenistas" (sic) e de constituir um "laboratório de islamismo" (sic), a fim de justificar a retirada da ajuda de voluntários do serviço público.[62] Uma petição de apoio à associação, "Pelo fim do ciberassédio islamofóbico contra a associação Lallab",[63] foi imediatamente atacada por Manuel Valls e Caroline Fourest no Twitter e acusada de estimular o comunitarismo.

[61] Audre Lorde, "Os usos da raiva: As mulheres reagem ao racismo" in *Irmã Outsider: Ensaios e conferências*, trad. Stephanie Borges. Belo Horizonte: Autêntica, 2019, p. 156.
[62] Céline Pina, "L'État doit dénoncer clairement l'association Lallab, laboratoire de l'islamisme". *Le Figaro*, 23 ago. 2017. Pina é fundadora do movimento Vi(r)e la République, um "movimento cidadão laico e republicano que se dedica à luta contra todos os totalitarismos e à promoção da indispensável universalidade de nossos valores republicanos".
[63] "Stop au cyber-harcèlement contre l'association Lallab". *Collectif, Libération*, 23 ago. 2017. Disponível em: liberation.fr/debats/2017/08/23/stop-au-cyberharcelement-islamophobe-contre-l-association-lallab_1591443.

Assim se passou o verão de 2017, como os verões anteriores, uma estação reconfortante para o feminismo branco e o femonacionalismo, porque há sempre, aqui e ali, mulheres muçulmanas e negras em cujos corpos é possível implantar a sua ideologia. Todo esse dispositivo se encarrega de tranquilizar a opinião pública sobre a superioridade cultural da França (contrastando a liberdade das mulheres francesas e a submissão das mulheres muçulmanas e negras), ao mesmo tempo que deixa as pessoas acreditarem que forças obscuras ameaçam a República e que a mulher muçulmana é um de seus cavalos de Troia.[64]

Observe que a mídia francesa não tratou com o mesmo fervor as manifestações das mulheres no Rife, Marrocos, em julho e agosto de 2017 (em apoio ao movimento social na mesma região), nem os movimentos de solidariedade iniciados pelas mulheres marroquinas na França. As lutas das mulheres por respeito e dignidade foram menos importantes que a "batalha do biquíni", pois poderiam colocar em questão os clichês islamofóbicos.

---

[64] A especificidade das estigmatizações que afetam as mulheres muçulmanas continua a ser estudada. Ver, dentre outros: Nacira Guénif, *Des Beurettes aux descendantes d'immigrants nord-africains*, Paris: Grasset, 1999; Nacira Guénif e Éric Macé, *Les Féministes et le garçon arabe*. Éditions de l'Aube, 2004; Asma Lamrabet, *Islam et Femmes: Les questions qui fâchent*, 2017; Zahra Ali, *Féminismes islamiques*. Paris: La Fabrique, 2012, que se propôs oferecer "um panorama dos feminismos islâmicos, rompendo com o orientalismo e o racismo que caracterizam os debates sobre as mulheres e o Islã hoje", respondendo à "necessidade de decolonizar e desessencializar qualquer leitura do feminismo e do Islã"; e os relatórios do Coletivo contra a Islamofobia na França (CCIF).

Patriarcado conservador vs. patriarcado liberal

Duas formas de patriarcado se opõem atualmente na cena mundial. A pessoa se diz moderna, a favor de certo multiculturalismo, e afirma respeitar os direitos das mulheres, desde que isso implique integrá-las na economia neoliberal. O mesmo se aplica às pessoas LGBTQIT+. A abertura em março de 2018, em Manhattan, da primeira loja "neutra em termos de gênero", a Phluid, na qual "a moda encontra o ativismo", mostra que qualquer identidade minoritária pode ser integrada desde que seja comercializável.[65] A criação de Phluid em si não ameaça as lutas, falemos sério. O problema é seu projeto de "dar aos indivíduos o poder de serem eles mesmos, de se expressarem abertamente, sem serem julgados e sem sentirem medo",[66] pois essa lógica continua a ser individualista.

O outro patriarcado, neofascista e masculinista, ataca frontalmente as mulheres e os LGBTQIT+ e visa fazer retroceder direitos duramente conquistados – aborto, contracepção, direito do trabalho, direitos LGBTQIT+ e de pessoas trans. Nesse sistema, só é aceitável a submissão das mulheres à sua ordem heteronormativa, que institui o poder absoluto do pai e do marido. Essa perturbação chega na forma de incitações ao estupro e ao assassinato de feministas, mulheres eleitas de

---

[65] "A abertura da primeira loja neutra em termos de gênero acaba de acontecer em Manhattan. A Phluid Project quer ser um espaço seguro para a compra de roupas", Mikelle Street, *Vice*, 22 mar. 2018. Disponível em: i-d.vice.com/en_us/article/7xdvxy/phluid-project-gender-neutral-store-new-york.

[66] "Empoderar os indivíduos para que sejam eles mesmos. Para que se expressem abertamente, sem julgamento ou medo". Disponível em: www.thephluidproject.com/.

esquerda, transexuais, LGBTQIT+, militantes dos povos indígenas e migrantes. É um patriarcado que manipula a religião e que descobriu como despertar o ódio e o medo para justificar assassinatos. A diferença entre os dois patriarcados é a diferença de tom, da forma de dizer e fazer, mas também de uma prática; o patriarcado neofascista não hesita em lançar mão da tortura, do desaparecimento, da prisão e da morte contra as mulheres, como vemos todos os dias: em 2016, Berta Cáceres, ativista ambiental indígena assassinada em Honduras; em 2017, Maria da Lurdes Fernandes Silva, militante brasileira dos direitos da terra; Mia Manuelita Mascariñas-Green, advogada da área de justiça ambiental; Jennifer Lopez, ativista LGBTQ assassinada no México; Sherly Montoya, ativista LGBTQ assassinada em Honduras, e Micaela Garcia, militante feminista assassinada em Buenos Aires. Em março de 2018, o atentado à vereadora Marielle Franco, assassinada em plena rua com seu motorista Anderson Pedro Gomes, foi um prenúncio da vitória do pior no Brasil. O poder masculinista, virilista, patriarcal e amigo do neoliberalismo não hesitaria em assassinar em público uma figura da oposição negra e *queer*. As crescentes incitações ao estupro em redes sociais voltadas para as feministas decoloniais, mulheres *queer* e pessoas trans na Índia, na América do Sul, nos Estados Unidos, na Europa e na África indicam a fúria do patriarcado. Em todos os lugares, ameaças, insultos, difamação, assédio sexual, violência sexual, estupro e censura são usados como forma de intimidação e como um chamado à ordem.

Essa tensão entre dois patriarcados, no entanto, não deve nos cegar. Os jovens patriarcas do neoliberalismo prometem a algumas mulheres que elas serão as primeiras da fila e a outras, que vão sobreviver; os velhos patriarcas querem que "suas" esposas permaneçam em silêncio sob suas ordens, que seus filhos se tornem patriarcas e que as outras mulheres, as mulheres racializadas, continuem sendo as domésticas e os objetos sexuais a serviço de seu mundo.

Politizar o cuidado

No Ocidente, na Ásia e na América do Norte, experiências revolucionárias, comunistas e anarquistas – a Comuna de Paris, a Revolução Bolchevique, a Revolução Chinesa, a Revolução Cubana, as comunidades anarquistas – debruçaram-se sobre a opressão milenar que o trabalho doméstico representa para as mulheres. Uma série de soluções foi então concebida, na maioria das vezes coletivas – creches abertas 24 horas, cozinhas coletivas, casas coletivas nas quais o trabalho doméstico é dividido de maneira igualitária... O feminismo negro obviamente se engajou muito cedo, dado que às mulheres negras foram atribuídas as funções de empregadas domésticas, cuidadoras e faxineiras do mundo dos brancos. De maneira mais geral, nos anos 1970, na Itália, na América do Norte, na Inglaterra, na França e na Alemanha, alguns setores do feminismo se centraram no trabalho doméstico, na sua gratuidade e, sobretudo, na necessidade de o considerar como *trabalho*. Essa análise marxista e feminista tratou tanto do trabalho doméstico como do trabalho sexual. No início dos anos 1970, feministas no Canadá fundaram o Coletivo Feminista Internacional (IFC) em torno da demanda de pagamento de salários pelo trabalho doméstico. Em um livro publicado em 2014, Louise Toupin revisita a história das lutas lideradas pelo IFC e a teorização que suas integrantes fizeram do trabalho realizado gratuitamente pelas mulheres.[67] As questões dos subsídios familiares e da assistência social se tornaram lutas de pleno direito e o Movimento de Previdência Social deu origem ao coletivo Black Women for Wages for Housework [Mulheres negras em defesa do salário pelo trabalho doméstico]. A feminista italiana Mariarosa Dalla Costa se referia à "outra fábrica", a fábrica social, ou seja, ao trabalho das "operárias das calçadas" e das "operárias domésticas" como um trabalho produtivo, uma vez que produz e reproduz a força de trabalho. Na França, Christine Delphy vê no trabalho doméstico "tanto uma das manifestações mais flagrantes da desigualdade de gênero, que deveria, pela sua própria visibilidade, ser facilmente corrigível, como um desafio às estratégias de igualdade, porque é também nele que a militância se depara com seus limites".[68] Os anos 1970 foram um período de grande intensidade teórica e de implementação de políticas em torno do trabalho doméstico como trabalho produtivo (com as já mencionadas Mariarosa Dalla Costa e Christine Delphy, mas também com Silvia Federici e Selma James).[69] A análise do trabalho doméstico no âmbito da família deveria ser um ponto de partida para "revelar a extensão e a invisibilidade do trabalho

---

[67] Louise Toupin, *Le Salaire au travail ménager: Chronique d'une lutte féministe internationale (1972–1977)*. Montreal: Éditions du remue-ménage, 2014.

[68] Christine Delphy, "Par où attaquer le 'partage inégal' du 'travail ménager'?", *Nouvelles Questions Féministes*, n. 3, v. 22, 2003, p. 47.

[69] Ver Louise Toupin, op. cit.; Mariarosa Dalla Costa e Selma James, *The Power of Women and the Subversion of the Community*. Edimburgo: Falling Wall Press, 1975; Silvia Federici, *Caliban et la sorcière. Femmes, corps et accumulation primitive*. Genebra: Senonevero/Entremonde, 2014 [ed. bras.: *Calibã e a bruxa*, trad. Coletivo Sycorax. São Paulo: Elefante, 2018.]; Mariarosa Dalla Costa e Selma James, *Pouvoir des femmes et subversion sociale*. Genebra: Libraire Adversaire, 1973.

reprodutivo privado e público na terra, sua gratuidade e o lucro que a economia do capitalismo obtém dele. Em suma, é ele que revela a face oculta da sociedade salarial".[70] Em 1977, Federici fez da reivindicação de salários pelo trabalho doméstico "um meio de concentrar a nossa revolta, um meio de organização, de sair do nosso isolamento, de dar uma dimensão coletiva, social, internacional à nossa luta".[71] Poucas feministas na França conhecem o livro *Lettres à une Noire* [Cartas a uma negra], de Françoise Ega. Um relato caribenho, que descreve a vida cotidiana de uma mulher da região, trabalhadora doméstica na França, e que expõe o viés racializado desse trabalho: "Somos classificadas pelo governo e por toda a França como tendo de ser, em primeiro lugar e acima de tudo, domésticas, tal como os polacos são trabalhadores agrícolas e os argelinos são lavradores".[72] Mas a problemática da distribuição de tarefas logo prevaleceu sobre a análise materialista do trabalho doméstico, especialmente na França. A partir daí, a indiferença à organização do trabalho de limpeza/cuidado só poderia produzir uma indiferença à sua racialização por parte dos movimentos feministas brancos.

As feministas negras nos Estados Unidos foram rápidas em apontar as ligações históricas entre o trabalho de limpeza/cuidado e a racialização. Em um texto teórico intitulado "The loss of the body: A response to Marx's incomplete analysis of alienated labour" [A perda do corpo: uma resposta à análise incompleta de Marx sobre o trabalho alienado], a feminista

---

[70] Louise Toupin, op. cit., p. 311.
[71] *Le Foyer de l'insurrection: Textes pour le salaire sur le travail ménager*, editado pelo coletivo feminista L'Insoumise de Genève, 1977.
[72] Françoise Ega, *Lettres à une Noire: Récit antillais*. Paris: L'Harmattan, 2000, p. 137.

negra chakaZ mostra que aplicar a noção de trabalho alienado ao gênero, à raça e às categorias sexuais revela todo o caráter opressor do sistema.[73] Os Trinta Gloriosos (1945–1975), período de enriquecimento da sociedade francesa no contexto das guerras coloniais, foram particularmente marcados pelo acesso das mulheres burguesas brancas a postos superiores de trabalho. A partir de então, houve um aumento na demanda de empregadas domésticas e babás para cuidar de suas casas e filhos. Essa mão de obra feminina foi extraída do sul da Europa (Portugal) e posteriormente constituída por mulheres racializadas de Guadalupe, Martinica e ilha da Reunião, ou mesmo da Argélia.

As feministas negras têm demonstrado que a análise que as mulheres negras fazem do trabalho doméstico é distinta daquela das mulheres brancas: a racialização do trabalho doméstico muda profundamente as problemáticas em jogo nesse âmbito. As diferenças entre as mulheres trabalhadoras (com base na origem, no fato de morarem ou não na casa do empregador, de cuidar de crianças ou de idosos) e as soluções públicas propostas pelos Estados também têm sido objeto de pesquisa. E, apesar das dificuldades de organização, as trabalhadoras domésticas conseguiram superar a solidão e o isolamento e encontraram formas de se organizar coletivamente, de mostrar as condições de trabalho às quais são submetidas e tornar visível o modo como são exploradas.

---

[73] chakaZ, "The loss of the body: A response to Marx's incomplete analysis of estranged Labor", 24 maio 2011. Disponível em: chaka85.wordpress.com/2011/05/24/the-loss-of-the-body-a-marxist-feminist-response-to-estranged-labor/.

O desgaste dos corpos

Desejo deter-me aqui menos sobre os pontos que acabo de apresentar e mais sobre aqueles que indiquei na apresentação deste livro: a economia do desgaste e a fadiga dos corpos racializados. O antropólogo David Graeber falou da necessidade de reimaginar a classe trabalhadora com base no que ele chama de *classe cuidadora*, a classe social cujo "trabalho consiste em cuidar de outros seres humanos, plantas e animais".[74] Ele propõe a seguinte definição para o trabalho de cuidado: um "trabalho cuja finalidade é manter ou aumentar a liberdade de outra pessoa". Contudo, "quanto mais o seu trabalho serve para ajudar os outros, menos você é pago para fazê-lo". Portanto, diz ele, é necessário "repensar a classe trabalhadora colocando as mulheres em primeiro lugar, ao contrário da representação histórica que tem sido feita dos trabalhadores". Proponho ir mais longe, insistindo na economia do desgaste dos corpos racializados, na limpeza como prática de cuidado, na instrumentalização da separação entre limpo/sujo na gentrificação e na militarização das cidades.

Refiro-me aqui à economia do *desgaste* dos corpos racializados, do esgotamento de forças, na qual pessoas são designadas pelo capital e pelo Estado como aptas a serem usadas, a serem vítimas de doenças, debilidades e deficiências que, se são reconhecidas pelo Estado após tantas lutas, não chegam a servir para um questionamento da própria estrutura que as provoca. O desgaste dos corpos (que obviamente também diz respeito aos homens, mas eu insisto na feminização da indús-

---

[74] David Graeber, "Il faut réimaginer la classe ouvrière". Entrevista concedida a Joseph Confavreux e Jade Lindgaard, *Médiapart*, 16 abr. 2018.

tria da limpeza no mundo) é inseparável de uma economia que divide os corpos entre aqueles que têm direito a uma boa saúde e ao descanso e aqueles cuja saúde não importa, que não têm direito ao descanso. A economia do esgotamento, do cansaço, do desgaste dos corpos racializados e generificados é uma constante nos testemunhos das mulheres que trabalham no campo da limpeza. Florence Bagou foi uma das porta-vozes da greve de janeiro de 2018, que mobilizou mulheres encarregadas da limpeza da Gare du Nord; ela conta que se levanta às quatro horas da manhã, pega um ônibus às 5h30 para depois pegar um trem, depois outro, para chegar ao local de trabalho às 7h.[75] Ela apanha seu material e começa a limpar as estações, tanto por dentro como por fora. Então pega um trem para trabalhar em outra estação. "Nós varremos e recolhemos o lixo, que é pesado, sem um carrinho – cabe a nós carregá-lo. Repetimos várias vezes os mesmos movimentos. Andar enfraquece os tornozelos e joelhos, os pulsos também são afetados. Por conta desse trabalho, temos dificuldade em andar normalmente, temos dores em todo o corpo".[76] Em Maputo, a companheira Albertina Mundlovo tem de chegar ao seu local de trabalho antes de seus patrões saírem para trabalhar. Com medo de chegar tarde, ela pega um táxi coletivo na direção oposta e depois pega outro para a cidade. "Eu pago o dobro, mas, se tomasse um caminho direto, eu nunca chegaria a tempo. Conheço mulheres que perderam a vida tentando dar conta de um emprego de doméstica. Os empregadores não querem ouvir falar dessas

[75] Maya Mihindou, "Portrait de Fernande Bagou: Nous étions des mains invisibles". *Ballast*, 30 jul. 2018. Disponível em: revue-ballast.fr/nous-etions-des-mains-invisibles/.
[76] Ibid.

dificuldades".[77] Seja nos Estados Unidos, na Europa, na Ásia, na América do Sul, na África, sair de manhã cedo significa encontrar essas mulheres com sono no sistema de transporte ou correndo para o trabalho antes que a cidade acorde.

O capitalismo é uma economia que produz lixo e esse lixo deve desaparecer aos olhos de quem tem direito a uma boa vida. De acordo com o Banco Mundial, a produção mundial de lixo atingiu 1,3 bilhão de toneladas por ano em 2016, ou quase 11 milhões de toneladas por dia. Obviamente, não são mulheres que limpam todo esse lixo, mas também homens e crianças que cuidam do lixo doméstico e tóxico – os coletores de lixo, os *dalits* que esvaziam os esgotos, os africanos que desmontam o lixo da tecnologia em Acra, os trabalhadores que descarregam navios em Bangladesh... O que quero enfatizar aqui é que essa economia de produção de lixo é inseparável da produção de seres humanos fabricados como "sucata", como "lixo".

Há toda uma humanidade se dedicando a fazer um trabalho invisível e superexplorado para criar um mundo adequado ao consumo e à vida institucional. Cabe a essas pessoas lidar com o sujo, o contaminado, a água não potável, o lixo que não é recolhido, os plásticos que invadem tudo, os jardins nos quais as plantas morrem por falta de manutenção, os esgotos que não funcionam, o ar poluído. As outras, então, podem desfrutar a cidade limpa, os jardins, as flores, os passeios tranquilos. A segregação do mundo se dá em uma divisão entre limpeza e sujeira baseada numa divisão racial do espaço urbano e da moradia. Essa divisão também existe nos países do Sul. Dentre

---

[77] "From Mozambique to Mexico, domestic workers are fighting for their rights – and telling their stories". *Wiego*, 19 jul. 2018. Disponível em: wiego.org/blog/mozambique-mexico-domestic-workers-are-fighting-their-rights-%E2%80%94-and-telling-their-stories.

essas pessoas racializadas condenadas à limpeza do mundo burguês, penso sobretudo nas faxineiras, chamadas "técnicas de superfície" [*techniciennes de surface*] na França, que, aqui e em outros lugares, lideram lutas fundamentais: elas revelam o caráter estrutural e desigual da própria indústria da limpeza, bastante feminizada e racializada, e sua relação com o passado da escravidão e do colonialismo. A limpeza é uma atividade cada vez mais perigosa, pois, além das lesões musculoesqueléticas,[78] houve aumento no risco químico devido à composição dos produtos empregados.[79] A utilização de produtos químicos é uma das principais causas de morte na indústria da limpeza. O assédio e a violência sexual são parte dessa indústria de precaução e exploração; eles indicam que o abuso de poder é estrutural, que eles não são simplesmente uma expressão de masculinidade "anormal", mas fazem parte do próprio tecido dessa indústria. A indústria de limpeza/cuidado é um dos exemplos mais claros de como funciona o capitalismo racial, ou seja, fabricando uma vulnerabilidade à morte, como disse Ruth Wilson Gilmore. Essa indústria expõe mulheres racializadas a produtos químicos tóxicos, a assédio e à violência sexual,

[78] Em 2016, a empresa Onet declarou: "124 doenças ocupacionais ainda precisam ser registradas (17 a mais que em 2015), gerando 7 092 dias de falta no trabalho. Elas estão ligadas a problemas osteomusculares, a principal causa de doenças ocupacionais no setor de limpeza".
[79] Ver estudos da Agência Internacional de Pesquisa em Câncer e do Escritório Europeu de Sindicatos de Consumidores: "Os estudos mostraram uma ligação entre o aparecimento ou o agravamento da asma e o uso de amônia, água sanitária e produtos de limpeza, especialmente em spray", observa Nicole Le Moual, epidemiologista da Inserm, especialista em saúde respiratória e ambiental. Nolwenn Weiler, "Femmes de ménage: Un métier à hauts risques toxiques oublié par l'écologie". *Basta!*, 4 mar. 2014. Disponível em: bastamag.net/Menace-chimique-pour-les-salarie-e.

à invisibilização, à exploração, à organização legal e ilegal da imigração como a negação de direitos.

Quem limpa o mundo?

Na França, o trabalho doméstico se industrializa no século XIX, primeiro com mulheres da classe trabalhadora ou do campo, em seguida com mulheres escravizadas, depois com mulheres colonizadas. Nos anos 1960 e 1970, a terceirização dessa atividade cria novas categorias de trabalho (constituídas como ramos profissionais em 1981). Segundo a FEP, a Federação de Empresas de Limpeza e Serviços Associados da França, a indústria da limpeza no país é um mercado em constante expansão (um em cada quarenta empregos). Representa 13 bilhões de euros em faturamento por ano, emprega 500 mil pessoas, das quais 66% são mulheres; 50% daquelas que atuam na área têm mais de 44 anos; em 2004, em nível nacional, 29% eram de nacionalidade estrangeira, 76% trabalhavam na região de Île-de-France.[80] O trabalho em tempo parcial predomina (79%) no setor: 47% dos assalariados trabalham para várias agências, e as mulheres em sua maioria são "agentes de serviço", enquanto os homens estão mais frequentemente em posições de supervisão. O *Observatoire de la propreté* [Observatório da limpeza] explica que o trabalho em tempo parcial é proposto como forma de os assalariados se adaptarem às necessidades das mulheres.[81] Os principais clientes são escritórios (38%), seguidos de prédios

[80] Jean-Michel Denis, "Dans Le Nettoyage, on ne fait pas du syndicalisme comme chez Renault". *Politix*, n. 85, v. 1, 2009, pp. 105–126.
[81] Resumo do *Observatoire de la propreté*, jun. 2014. Disponível em: obsproprete.fr/pdf/E_HF_2014.pdf.

de apartamentos (19%) e da indústria (13%).[82] Todos esses dados mostram a natureza estruturante da racialização, da feminização e da precariedade do trabalho de limpeza. Eles também revelam a importância desse setor nas nossas economias terceirizadas e metrópoles gentrificadas.

Na França, a empresa familiar Onet, criada em 1860 (cujos descendentes permaneceram à sua frente), domina o mercado. Após a criação da SNCF [Sociedade Nacional de Ferrovias Francesas], ela obtete um contrato exclusivo para limpar suas estações e trens.[83] Além do serviço de limpeza, a empresa estendeu seu escopo de atuação à segurança (em sua maioria homens), gestão de resíduos nucleares, serviços de logística e cuidado de idosos. No site da Onet, podemos conhecer os valores da empresa: "Escuta, respeito, ousadia". A página informa sobre a criação de uma fundação também chamada Onet, que "tem a missão de apoiar ações em favor da solidariedade e da luta contra condições precárias de habitação, participando de ações concretas no campo e promovendo a conscientização sobre o problema das condições precárias de habitação". A Onet viria até mesmo a apoiar o lançamento do filme de Al Gore sobre o clima, *Uma verdade inconveniente*, assim como o documentário ecológico francês *Amanhã*. A empresa adere aos dez princípios do Pacto Global das Nações Unidas quanto ao desenvolvimento sustentável, proclama o respeito pelo diálogo social e está comprometida com o "desenvolvimento da empregabilidade". Possui

---

[82] *Le Monde de la propreté*, "Chiffres clés et actions prioritaires, Propreté et services associés", edição de 2018, pp. 4, 8, 9.
[83] Em 1999 a Onet fortaleceu seu perfil europeu, juntando-se à Gegenbauerbosse, da Alemanha, e à OCS, do Reino Unido, para formar a Euroliance. Graças a essa operação, essas empresas controlam 10% dos serviços de limpeza no mercado europeu.

um departamento denominado Diversidade Oásis, que realiza treinamentos nos setores profissionais da limpeza, da tecnologia e da hospitalidade. Entre 2008 e 2016, seu faturamento aumentou de 1,3 bilhão para 1,741 bilhão de euros. Metade dessa quantia se deve à expansão dos negócios da Rede de Serviços Onet, que cresceu mais de 5%.[84] Para a Onet, o funcionário é um "colaborador", a funcionária é uma "colaboradora", e ambos são convidados a evoluir com a ajuda da Universidade Onet. Em 2016, a empresa tinha 64 392 funcionários, dos quais 63% eram mulheres. Dentre as profissões existentes na Rede de Serviços Onet, há "um contraste significativo entre as profissões de limpeza, nas quais a maioria dos trabalhadores é composta de mulheres, e as profissões ligadas à segurança humana, nas quais a situação é oposta".[85] Em outras palavras, como reconhece a própria empresa, e apesar de todos os exemplos de hipocrisias de gestão já mencionados, quem faz a limpeza são as mulheres racializadas. Uma série de vídeos exaltando a Onet está disponível no YouTube. Um deles, de 2016, tem como título *Life is Beautiful* [A vida é bela], ecoando o filme de Roberto Benigni no qual um pai mente para o filho a fim de esconder os horrores de um campo de concentração nazista para o qual são mandados. Não se sabe se a analogia entre o roteiro do filme e o conteúdo do clipe é intencional, mas não falta ironia na junção das duas histórias. No vídeo da Onet, vemos uma mulher loira de calça social entrar sorrindo em um escritório. Ao redor dela, mulheres e homens estão ocupados limpando paredes, pisos e prateleiras, mas são invisíveis para ela, que não os vê; ela então vai a

---

[84] Informações e dados fornecidos pela Onet. Disponível em: fr.groupeonet.com/.

[85] Onet, "Propreté et services". Disponível em: fr.groupeonet.com/Nos-metiers/Proprete-et-Services.

um supermercado no qual, graças à Onet, os produtos que compra são limpos e higiênicos; ela pega um trem limpo pela Onet antes de ir a um estádio limpo pela Onet e visitar alguém em um hospital limpo pela Onet; finalmente, é vista entrando em um quarto de hotel que acabou de ser limpo por uma funcionária da Onet. Por fim, a jovem caminha em um gramado dedetizado pela Onet.[86] O vídeo realça a invisibilidade das pessoas que fazem esse trabalho. Deve-se assegurar à mulher branca que ela encontrará tudo limpo, mas sem nunca ser confrontada com a realidade da limpeza e, portanto, com a presença daquelas e daqueles que a realizam. Este é um dos princípios fundamentais da limpeza: ela deve permanecer invisível. Para que essa invisibilização seja possível, não só se faz o responsável pela limpeza desaparecer da tela social, como a violência e o desprezo pelo seu trabalho são legitimados. Basta contrastar esse vídeo com a entrevista concedida pela sra. Rajae Gueffar, brutalmente dispensada pela Onet depois de ter trabalhado durante catorze anos limpando a estação de trem de Agen sem um único dia de folga.[87] A limpeza se baseia na violência e na arbitrariedade. Mas a mulher branca rica, que segue adiante em um universo limpo e protegido graças às mulheres racializadas (e aos homens, no caso da segurança), não deve enxergar nem essas mulheres nem essa violência. No entanto, há outro elemento no vídeo *Life is Beautiful*: a maioria dos/as empregados/as que aparecem nas imagens são brancos/as; sem dúvida, um vídeo que mostrasse a verdadeira proporção de pessoas racializadas

---

[86] *Life is Beautiful*. Onet, 20 jan. 2016. Disponível em: www.youtube.com/watch?v=pSbLUVvn2lU.
[87] *Madame Gueffar, ancienne salariée d'Onet* (depoimento). Fakirpresse, 29 mar. 2016. Disponível em: www.youtube.com/watch?v=W4k-DpM1xvmA.

nessas ocupações teria exposto sua racialização generificada de maneira demasiado flagrante.

Isso me leva à questão que eu gostaria de colocar em debate no âmbito do feminismo decolonial: "Quem limpa o mundo?". Como podemos entender a relação entre o capitalismo como produtor de lixo material e tóxico e sua produção de seres humanos como descartáveis? Como a terceirização do lixo é invisibilizada? Como colocar em prática o nosso apoio às trabalhadoras e aos trabalhadores da limpeza e do cuidado? Em março de 2018, em Chennai, na Índia, a curadora *dalit* C. P. Krishnapriya apresentou sua exposição *Archiving Labour* [Arquivando o trabalho], baseada no fato de que o Colégio Governamental de Belas Artes era originalmente uma escola técnica colonial. Nessa emocionante exposição de trinta jovens artistas *dalit*, uma instalação chamou a atenção, mais precisamente por tratar do trabalho de limpeza. A obra reúne vários retratos de mulheres que limpam as estações ferroviárias de Chennai, bem como desenhos de suas atividades, nas quais são vistas removendo os excrementos humanos dos trilhos e dos trens. Um jovem artista acrescentou três páginas de cadernos escolares à instalação, nas quais escreveu à mão: "Limpar fezes não é algo ordinário. O meu avô limpa as fezes humanas com as próprias mãos, a ponto de as linhas de suas mãos terem ficado marcadas, como sangue no sangue". Ele conclui: "Essa mulher tem que parar de limpar excrementos humanos. Cada pessoa deve limpar os próprios excrementos. Devemos nos unir a essa mulher para limpar os excrementos humanos; assim, estaríamos em posição de igualdade em relação a essa mulher e isso seria feito concretamente, não apenas com palavras".

Em muitos países, as trabalhadoras da indústria da limpeza se organizaram, algumas ao longo de décadas, exigindo o reconhecimento de seus direitos, garantias sociais, o fim do assédio, da violência sexual e da precarização sistemática. Há uma ideia recorrente na maioria dessas organizações: a dignidade. Ao afirmar veementemente que fazem bem o seu trabalho, que amam o trabalho, as trabalhadoras da indústria da limpeza insistem na dignidade e no respeito aos quais têm direito. A sua luta está no âmago das lutas feministas pela dignidade, contra o racismo e a exploração. O trabalho há tanto tempo exercido pelas mulheres – o trabalho de "limpeza" – é indispensável para a perpetuação da sociedade patriarcal e capitalista. Na França, porém, devemos integrar a essa história o trabalho de cuidado e limpeza atribuído às mulheres negras escravizadas e trabalhadoras domésticas, depois às mulheres colonizadas, e hoje às mulheres francesas racializadas ou de origem estrangeira. Elas têm um conteúdo novo a acrescentar aos direitos das mulheres. Elas articulam o que pode ser o direito à existência em um mundo no qual os direitos foram em parte concebidos para excluir. Para as feministas decoloniais, analisar os trabalhos de limpeza e cuidado nas configurações atuais do capitalismo racial e do feminismo civilizatório é uma tarefa de primeira ordem.

Por uma reconexão com a potência de imaginação do feminismo

A ideia de que as mulheres não têm um passado, de que elas não têm uma história, significava, claro, que elas os tinham, mas que ambos estavam enterrados, escondidos, mascarados, e que o trabalho das feministas era encontrá-los e torná-los conhecidos. Esse trabalho de arqueologia, de redescoberta e de reapropriação continua a acontecer e é fundamental. No entanto, ao inverter o sentido da frase, ao afirmar que temos um passado, uma história, sugiro uma maneira diferente de abordar a escrita da história. Questiono o significado dado a "passado" e "história" na frase do hino do Movimento de Libertação das Mulheres: "Nós que não temos passado, mulheres/ Nós que não temos história, mulheres". Em que medida isso nos ajuda a transformar em narrativa o legado catastrófico da história dos povos racializados (escravidão, genocídio, expropriação, exploração, deportação)? Como podemos escrever o passado e a história dessas catástrofes que não costumamos nos dar ao trabalho de mencionar? Que palavras podem servir para falarmos da ofensiva generalizada por todo o planeta que "tende a fazer desaparecer os territórios habitáveis e ainda habitados para transformá-los em elos das cadeias globais de produção-consumo", em um momento em que acontece "uma multiplicação das zonas de sacrifício"?[88] Que sentido faz declarar que "as mulheres" não têm passado nem história, ainda que, entre elas, as brancas e as racializadas não possuam a mesma legitimidade? A escrita do passado e da história das mulheres racializadas não teve a mesma trajetória da escrita feminista europeia porque cada uma passou por um processo diferente. Para as racializadas, não foi necessário preencher uma ausência, mas encontrar as palavras que trouxessem de volta à vida aquilo que tinha sido condenado à não existência, mundos que tinham sido expulsos da humanidade.

Para concluir, cito um texto escrito coletivamente em junho de 2017, quando cerca de trinta artistas, militantes e eu afir-

---

[88] Arturo Escobar, *Sentir-Penser avec la Terre: L'écologie au-delà de l'Occident*. Paris: Le Seuil, 2018, p. 180.

mamos: "Queremos pôr em prática um pensamento utópico, entendido como energia e força de insurreição, como presença e como convite para sonhos emancipatórios, como gesto de ruptura: ousar pensar para além do que se apresenta como 'natural', 'pragmático', 'razoável'. Não queremos construir uma comunidade utópica, mas restaurar toda a sua força criativa em sonhos de insubmissão e resistência, justiça e liberdade, felicidade e bondade, amizade e encantamento".[89]

---

[89] Trecho de "Manifeste de L'Atelier IV", performance, curadoria de Françoise Vergès. Paris, *La Colonie*, 12 jun. 2017.

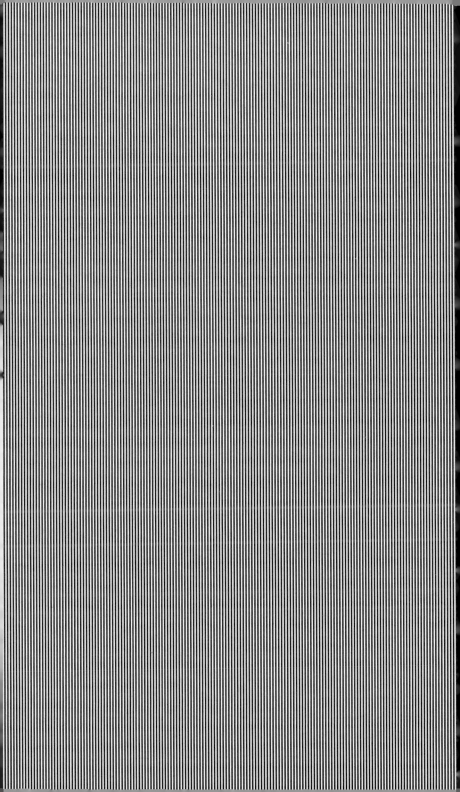

Sobre a autora

FRANÇOISE VERGÈS nasceu em 1952, em Paris, França. Cientista política, historiadora, ativista e especialista em estudos pós-coloniais, Vergès cresceu na ilha da Reunião (França), morou na Argélia, no México, na Inglaterra e nos Estados Unidos. Graduou-se em Ciências Políticas e Estudos Feministas na San Diego State University (1989). PhD em teoria política pela Berkeley University of California (1995), publicou sua tese *Monsters and Revolutionaries: Colonial Family Romance and Métissage* [Monstros e revolucionários: o romance da família colonial e a mestiçagem] pela Duke University Press (1999). Lecionou na Sussex University e na Goldsmiths College (Inglaterra). De 2009 a 2012, presidiu o comitê nacional francês de preservação da memória e da história da escravidão. Entre 2014 e 2018 foi titular do programa Global South(s) no Collège d'études mondiales da Fondation Maison des Sciences de l'Homme. Publicou diversos artigos sobre Frantz Fanon, Aimé Césaire, abolicionismo, psiquiatria colonial e pós-colonial, memória da escravidão, processos de creolização no oceano Índico e novas formas de colonização e racialização. Trabalha regularmente com artistas, tendo sido coautora dos documentários *Aimé Césaire face aux révoltes du monde* [Aimé Césaire em face das revoltas do mundo] e de *Maryse Condé: Une voix singulière* [Maryse Condé: uma voz singular], ambos dirigidos por

Jérôme-Cécile Auffret, e consultora curatorial da *Documenta 11* (2002) e da *Paris Triennale* (2012). Organizou as exposições *L'Esclave au Louvre: une humanité invisible* [O escravo no Louvre: uma humanidade invisível], no Museu do Louvre, em 2013, além de *Dix femmes puissantes* [Dez mulheres poderosas], em 2013, e de *Haiti, medo dos opressores, esperança dos oprimidos*, em 2014, ambas para o Mémorial de l'abolition de l'esclavage, de Nantes.

OBRAS SELECIONADAS

Le Ventre des femmes: Capitalisme, racialisation, féminisme. Paris: Albin Michel, 2017.

Exposer l'esclavage: méthodologies et pratiques. Paris: Africultures, 2013.

L'Homme prédateur. Ce que nous enseigne l'esclavage sur notre temps. Paris: Albin Michel, 2011.

Ruptures postcoloniales, em coautoria com Nicolas Bancel, Florence Bernault, Pascal Blanchard, Ahmed Boubakeur e Achille Mbembe. Paris: La Découverte, 2010.

Monsters and Revolutionaries: Colonial Family Romance and Métissage. Durham: Duke University Press, 1999.

Cet ouvrage, publié dans le cadre du Programme d'Aide à la Publication année 2019 Carlos Drummond de Andrade de l'Ambassade de France au Brésil, bénéficie du soutien du Ministère de l'Europe et des Affaires étrangères.

Este livro, publicado no âmbito do Programa de Apoio à Publicação ano 2019 Carlos Drummond de Andrade da Embaixada da França no Brasil, contou com o apoio do Ministério francês da Europa e das Relações Exteriores.

Título original: *Un féminisme décolonial*
© La Fabrique Éditions, 2019
© Ubu Editora, 2020

IMAGEM DA CAPA © Douglas, Emory / AUTVIS, Brasil, 2020.

PREPARAÇÃO Sheyla Miranda
REVISÃO Orlinda Teruya e Cacilda Guerra
PRODUÇÃO GRÁFICA Marina Ambrasas

EQUIPE UBU
DIREÇÃO EDITORIAL Florencia Ferrari
COORDENAÇÃO GERAL Isabela Sanches
DIREÇÃO DE ARTE Elaine Ramos, Júlia Paccola e Nikolas Suguiyama (assistentes)
EDITORIAL Bibiama Leme e Gabriela Naigeborin
COMERCIAL Luciana Mazolini, Anna Fournier (assistente)
COMUNICAÇÃO / CIRCUITO UBU Maria Chiaretti, Walmir Lacerda e Seham Furlan
GESTÃO SITE / CIRCUITO UBU Laís Matias
DESIGN DE COMUNICAÇÃO Marco Christini
ATENDIMENTO Cinthya Moreira e Vivian T.

5ª reimpressão, 2024.

UBU EDITORA
Largo do Arouche 161 sobreloja 2
01219 011 São Paulo SP
ubueditora.com.br
professor@ubueditora.com.br
/ubueditora

Dados Internacionais de Catalogação na Publicação (CIP)
Elaborado por Vagner Rodolfo da Silva – CRB-8 / 9410

Vergès, Françoise [1952–]
 Um feminismo decolonial / Françoise Vergès; traduzido por Jamille Pinheiro Dias e Raquel Camargo.
 Título original: *Un féminisme décolonial.*
 São Paulo: Ubu Editora, 2020. 144 pp.
 ISBN 978 85 7126 060 3

1. Feminismo. I. Camargo, Raquel. II. Pinheiro Dias, Jamille. III. Titulo.

2020–556   CDD 305.42 CDU 396

Índice para catálogo sistemático:
1. Feminismo 305.42
2. Feminismo 396

FONTES
Karmina e Pirelli
PAPEL
Pólen bold 70 g/m²
IMPRESSÃO
Margraf